天変地異に隠された神々の真意と日本の未来

大震災予兆リーディング

大川隆法
Ryuho Okawa

まえがき

最近、大震災《だいしんさい》の予兆《よちょう》ともいえるものが続発している。私ならずとも、何か大きな危機が迫っているのではないか、と怖《おそ》れている人は多かろう。

本書の内容に関して無駄口《むだぐち》をたたくのはやめよう。静かに読んで頂くのが一番だ。

主として日本神道《しんとう》系の神霊からの警告であるが、この神示《しんじ》を一笑《いっしょう》に付《ふ》すか、まじめに受け取るか。

条件付《じょうけんつき》の予言の中で、あなた方は生きてゆかねばなるまい。

二〇一五年　六月三日

幸福《こうふく》の科学《かがく》グループ創始者兼総裁《そうししゃけんそうさい》　大川隆法《おおかわりゅうほう》

大震災予兆リーディング　目次

第1章　口永良部島噴火《くちのえらぶじまふんか》の霊的背景《れいてきはいけい》を探《さぐ》る

二〇一五年六月二日　収録
東京都・幸福の科学総合本部にて

第2章　小笠原沖地震の霊的背景を探る

二〇一五年六月二日　収録
東京都・幸福の科学総合本部にて

「霊言現象《れいげんげんしょう》」とは、あの世の霊存在の言葉を語り下ろす現象のことをいう。これは高度な悟《さと》りを開いた者に特有のものであり、「霊媒現象《れいばいげんしょう》」（トランス状態になって意識を失い、霊が一方的にしゃべる現象）とは異なる。外国人霊の霊言の場合には、霊言現象を行う者の言語中枢《ちゅうすう》から、必要な言葉を選び出し、日本語で語ることも可能である。

なお、「霊言」は、あくまでも霊人の意見であり、幸福の科学グループとしての見解と矛盾《むじゅん》する内容を含《ふく》む場合がある点、付記しておきたい。

第1章

口永良部島噴火《くちのえらぶじまふんか》の霊的《れいてき》背景を探《さぐ》る

二〇一五年六月二日　収録

東京都・幸福の科学総合本部にて

質問者　※質問順

酒井太守《さかいたいしゅ》（幸福の科学宗務《しゅうむ》本部担当理事長特別補佐《ほさ》）

斎藤哲秀《さいとうてっしゅう》（幸福の科学編集系統括《とうかつ》担当専務理事　兼《けん》　ＨＳＵ未来創造学部芸能・クリエーターコースソフト開発担当顧問《こもん》）

綾織次郎《あやおりじろう》（幸福の科学上級理事　兼「ザ・リバティ」編集長　兼　ＨＳＵ講師）

アシスタント

天雲菜穂《てんくもなお》（幸福の科学第一編集局長）

［役職は収録時点のもの］

1　連続する天変地異に「神意《しんい》」はあるか

昨年、今年と天変地異が続いている日本

大川隆法　昨年（二〇一四年）は、『広島大水害と御《おん》嶽《たけ》山《さん》噴《ふん》火《か》に天意はあるか』（幸福の科学出版刊）という、天変地異に霊的《れいてき》原因があるかどうかを調べた本を出しました。それから、このあとに阿蘇山《あそさん》の噴火（二〇一四年十一月二十五日）があり、その際には、霊的な意味合いとして、予想していないものが出てきたように思います（『阿蘇山噴火リーディング』（幸福の科学出版刊）参照）。

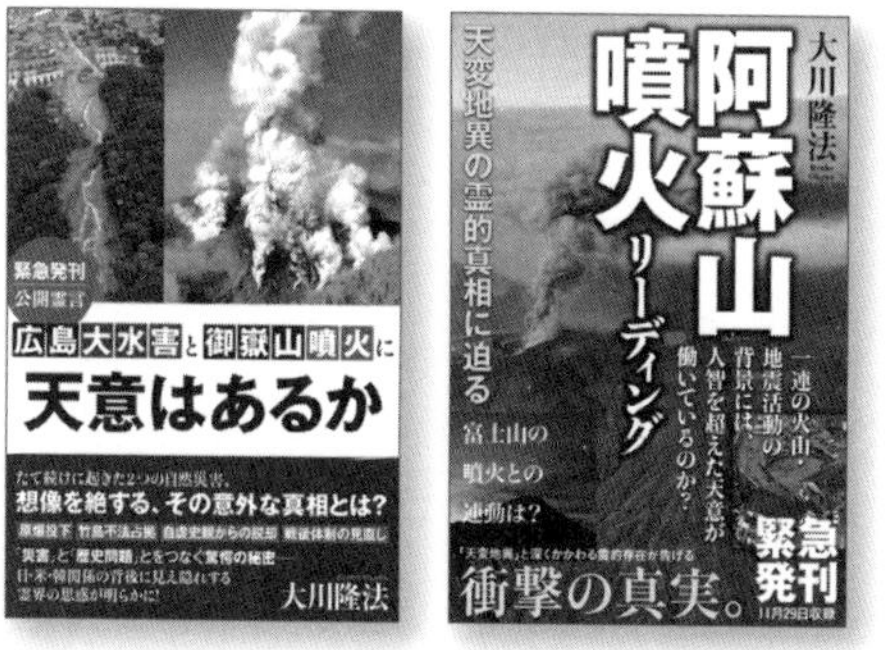

『阿蘇山噴火リーディング』『広島大水害と御嶽山噴火に天意はあるか』（ともに幸福の科学出版）

なお、その後も、日本だけではなく、世界各地でいろいろなことが起きているようです。

ちなみに、私は、先般《せんぱん》（二〇一五年四月二十二日）、南米のチリで火山の噴火があったときに、「次は、アジアに地震《じしん》か何かが来るだろう」と予想していました。また、「日本に来たら大変だな」と思っていたのですが、結局、ネパールで予想外の大《おお》地震が起き（二〇一五年四月二十五日）、一万人近い死者を出す被害《ひがい》が出ています。ただ、これには、建物がそれほど頑丈《がんじょう》ではなかったことも影響《えいきょう》した面はあるでしょう。

そして、「ネパールに地震が来たのなら、日本にも来るかもしれない」とは思っていたのですが、実際、幾《いく》つか起きました。

例えば、箱根《はこね》あたりで、火山性地震が二千回くらいも起きています（二〇一五年四月二十六日以降。気象庁調査。神奈川県温泉地学研究所の調査では、四千回を超えている）。

　また、先般（二〇一五年五月二十九日）、鹿児島県《かごしま》の口永良部島《くちのえらぶじま》で火山の噴火があり、噴煙《ふんえん》が九千メートルぐらいまで上がりました。まるで原爆《げんばく》投下のあとのような状態になって、島民が避難《ひなん》したということもあります。

　私は、その場所を見て、「ああ、戦艦大和《せんかんやまと》が沈《しず》んでいるところに近いな。沖縄《おきなわ》問題と何か関係があるのかな」などと思ったのですが、似たようなことを考えた人がいるようで、噴火翌日（二〇一五年五月三十日）の産経新聞の産経抄《しょう》には、「戦艦大和が近くに沈んでいる」というようなことを書いてありました。それで、「もしかしたら、当会の天変地異ものの本を読んでいるのかな」と想像したりもしたのです。

　さらに、同日には、小笠原諸島《おがさわらしょとう》のほうで地震がありました。

産經抄

きのう午前9時59分の爆発的噴火以前に口永良部島を地元以外で知っていた人は、相当の火山通か戦史通ではないか。70年前の4月7日、沖縄へ特攻攻撃に出撃した戦艦大和が米軍機に撃沈されたのは、同島西方沖だった ▼噴煙の高さは9000㍍超、火砕流が海に達した、という一報に島から遠く離れた東京の小紙編集局にも緊張が走った。全島民が半日で島外避難を完了し、被害が最小限で済んだのは、風向きが幸いしたのと昨年8月の噴火以降、いざ、というときにどうすればいいかを住民も役所も心得て準備してきただろう ▼自然災害に備える有事に備えるのも基本的にはである。噴火も地震も台風もにこしたことはないが、「起いように」と祈っていても忘ころにやってくるのが災害で ▼安全保障も同じで、「戦起きないように」と祈ってけで、平和が保てるのならインカ帝国も滅亡しなかった後70年、日本が戦争に巻き込なかったのは、ありがたい話るが、このまま何もせずに年、20年も大丈夫といえるの中甘くない ▼日本の近

2015年5月30日付「産経抄」
（産経新聞）

口永良部島《くちのえらぶじま》は、鹿児島県の離島の一つで、屋久島から 12Km の位置にある、約 38Km^2 の島。2015 年 5 月 29 日、新岳で爆発的噴火（上写真）があり、住民 137 人は全員屋久島に避難した。
戦艦「大和」が沈没した場所は口永良部島の約 200Km 西の地点に当たる（右図）。

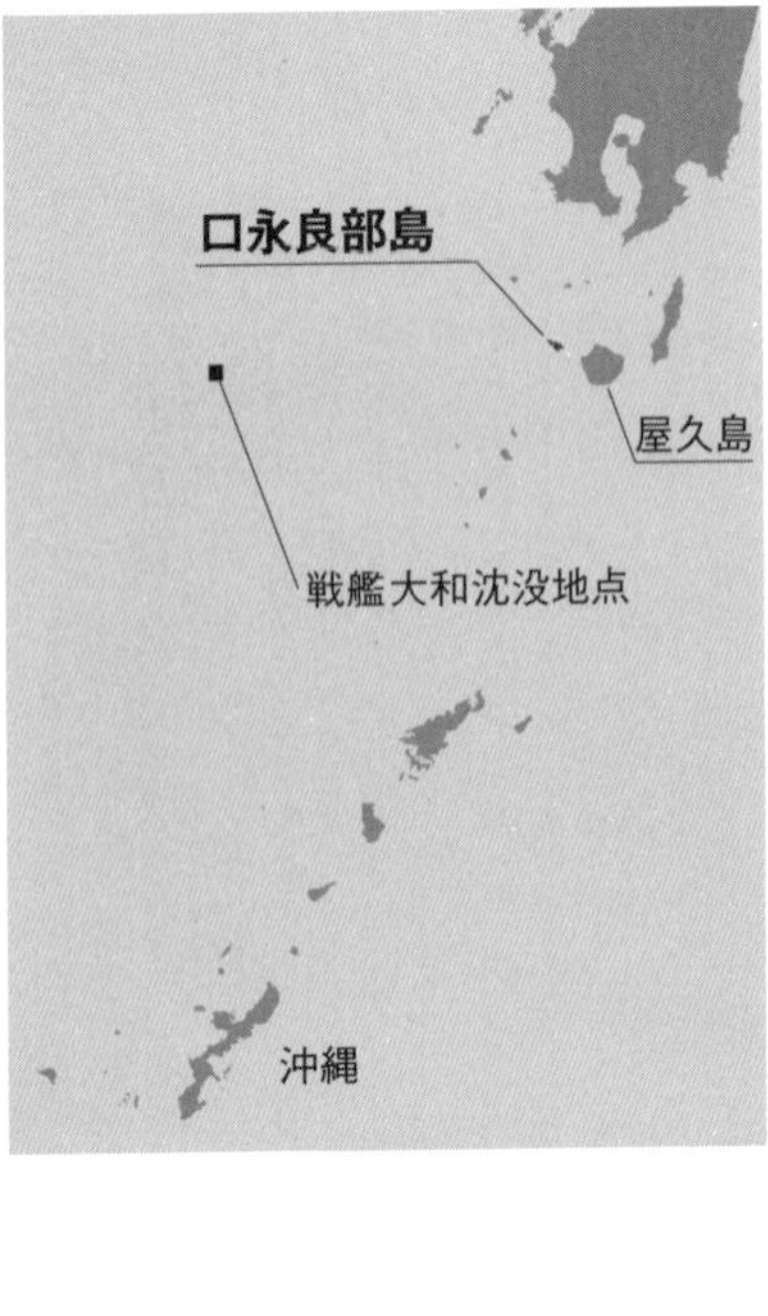

ここは、西之島《にしのしま》の新島《しんとう》が出てきているところでもありますが、地下六百八十二キロメートルという非常に深い場所を震源とし、当初、マグニチュード８・５、その後、修正されたもののマグニチュード８・１という、大きな地震があったわけです。なお、場所によっては震度５強、関東のいろいろなところでも震度４ぐらいの揺《ゆ》れであり、「日本全土を震度１ぐらいまで揺らした」という意味では、そうとう広《こう》範囲《はんい》なものだったのではないでしょうか。

ともかく、御嶽山、阿蘇、箱根、口永良部島ときて、今回の地震ですから、「そろそろ何か迫《せま》ってはいないか」ということで、今、日本人全体が怖《こわ》がっているような雰囲気《ふんいき》を感じています。

古来、天変地異の背後にあるとされてきた霊的《れいてき》な原因

大川隆法　もちろん、「単なる自然現象で、偶然《ぐうぜん》に起きているのだ」という見方もあるでしょう。証拠《しょうこ》がないものについては分からないため、「自然現象は偶然に起

きている。溶岩《ようがん》が動いたり、プレートが沈み込《こ》んだりしたときに、たまたま、その拍子《ひょうし》に（地震が）起きるのだ」と考えて過ごせる方がいるのなら、それはそれで結構かとは思います。

しかし、何らかの物理的な理由で起きているとはいえ、古来より、天変地異については、「人間界の何かと連動していることが多い」という考え方もあるわけです。

例えば、日蓮《にちれん》は、『立正安国論《りっしょうあんこくろん》』で、「地震などの天変地異や、飢饉《ききん》が起きたり、あるいは、他国が攻《せ》めてきたり、国内で内紛《ないふん》が起きたりするのは、正しい法が行われていないときだ」というようなことを述べています。

また、仏教の開祖である仏陀《ぶっだ》のほうには、もう少し〝能天気〟なところもあって（笑）、地震が起きたときに、それほど悪いこととは思っていない言い方もしている

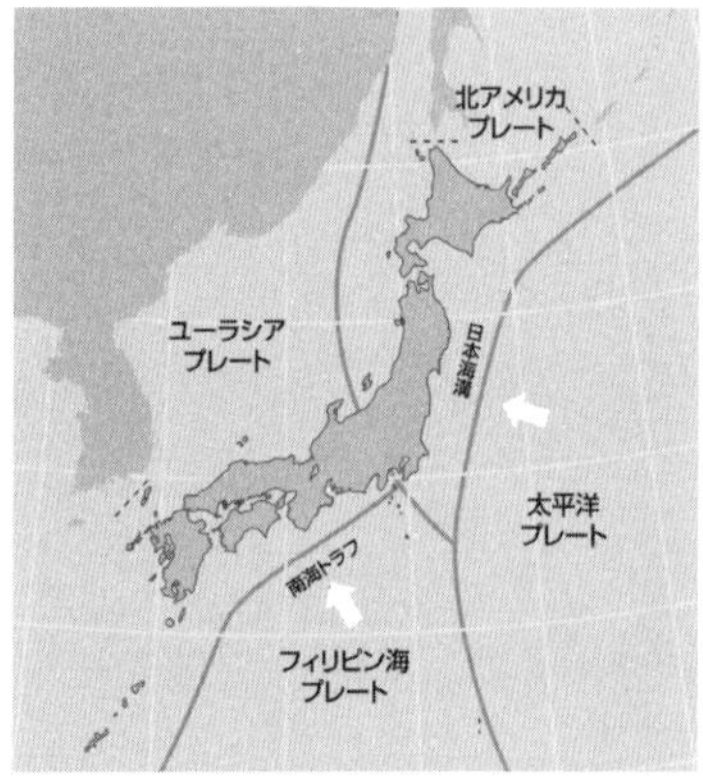

日本列島は、北米プレート、ユーラシアプレート、太平洋プレート、フィリピン海プレートが重なる地域にある。

のです。

要するに、「仏陀が出家《しゅっけ》したとき、降魔成道《ごうまじょうどう》したとき、初転法輪《しょてんぼうりん》で最初に説法《せっぽう》したとき、さらには入滅《にゅうめつ》のときなど、そういう如来《にょらい》が説法したときには大地震が起きるのだ」というようなことを言っているわけで、「自分の責任になったら、どうするんだ」と〝心配になる発言〟をしています。

おそらく、昔の地学の考えは、もう少し甘《あま》かったのでしょう。日本では、「オオナマズが地下に住んでいて、それが暴《あば》れている」と思っていたようですし、古代中国やインドで、どう考えていたかは知りませんが、「如来の大事な時期には、大地も感応して震《ふる》うのだ」と考えていた節《ふし》もあるようです。

ただ、去年、調べた結果、天変地異には、ある程度、霊的《れいてき》な原因がありました。また、二〇一三年に、フィリピンの大型台風について調べたときにも、それはあったのです（『フィリピン巨大《きょだい》台風の霊的真相を探《さぐ》る』

天変地異に込められた「海神」からのシグナル
フィリピン巨大台風の霊的真相を探る
大川隆法
なぜ史上最大級の台風ハイエンがフィリピンを襲ったのか!?
緊急出版！

『フィリピン巨大台風の霊的真相を探る』（幸福の科学出版）

〔幸福の科学出版刊〕参照）。

しかし、あまりやりすぎても、当会にとって有利なことばかりではないかもしれません。若干《じゃっかん》、原因に関係があるようなことが出てくる場合もないわけではないので、よし悪《あ》しは分からないところがあります。

確かに、神様もたくさんいらっしゃるので、もしかしたら、「神罰《しんばつ》なり、仏罰《ぶつばつ》なりを落としたい」と思っている方もいるでしょう。そういう方が出てきた場合、本として出すときには、よく考えてからさせていただきたいと思いますが、内部的には、「いろいろある」ということを受け入れる人は多いのではないでしょうか。

「現政権への警告」か、それとも「反対勢力への警告」か

大川隆法　さて、今日は、最近のいろいろなことについて質問してもらって、調べてみようと思うのですが、前回（前掲《ぜんけい》『広島大水害と御嶽山噴火に天意はあるか』『阿蘇山噴火リーディング』参照）のように霊的な原因がある場合もあります。そ

のように、異常現象に関して霊的な原因がある場合には、基本的にその霊人《れいじん》を呼んで訊《き》いてみようと思います。

なお、ベーシックには、間接的にエドガー・ケイシー霊にアシストしてもらおうとは思っていますので、〝特別な何か〟が出ない場合には、客観的なリーディングをしてみたいと考えています。

今回の異常現象には、はたして何か意味があるのでしょうか。

例えば、口永良部島は、戦艦大和が沈んだ場所に近いところですが、あるいは、沖縄の問題等と関係があるかどうか。小笠原諸島も東京都ですが、何か関係があるかどうか。

民主党の菅《かん》政権のときに東日本大震災が起きましたが、当会では、「民主党政権という左翼《さよく》政権が天意に沿わないから起きた」と断定したこともあります。

また、阪神・淡路大震災のときには、「社会党の村山《むらやま》（富市《とみいち》）さんが、あろうことか総理大臣になっていて、伊勢神宮《いせじんぐう》にお参《まい》りしなかったあとに起きている」という指摘《してき》もしました。

そのため、今度は反対に、左翼側から、「この震災、あるいは、震災以前の異常現象が、安倍《あべ》政権に対する天意として起きているのではないか」という意見もあるかもしれません。「私は信仰心《しんこうしん》を持っているんですけれども左翼です。これは、安倍政権の政権運営に、天が怒《いか》っているのではないでしょうか」という論理も立たないわけではないのです。

特に、今は国会で、野党側から言えば「戦争法案」ですが、与党《よとう》側から言えば「安保《あんぽ》法整備法案」を通そうとして紛糾《ふんきゅう》しています。さらに、沖縄問題も絡《から》み、原発問題も絡んで、国が平和主義を捨てて、新たな地平に出ようとしているのが、いいことか悪いことか、国民を含《ふく》んでの議論も起きているわけです。

そういう意味では、「安倍政権への警告」なのか、

口永良部島の噴火を受け、声明を読み上げる安倍首相（2015 年 5 月 29 日、首相官邸）。

「安倍政権がやろうとしていることに反対していることへの警告」なのか。これを読み取れないと、どちらか分からないところもあるでしょう。

あるいは、「朝日新聞の廃刊《はいかん》運動なんかが起きて、朝日の神が怒《おこ》っている」ということだってあるかもしれません。

異常現象に「警告」の意味があるのであれば読《よ》み解《と》きたい

大川隆法　ただ、こうしたリーディングは、当会でしかできないことではありますす。

確かに、「地軸《ちじく》の神」などという方が出てきたりすることもあるため（前掲『阿蘇山噴火リーディング』参照）、そう簡単に受け入れられない人もいるとは思いますが、ほんの百年余り前には、「ナマズが暴《あば》れている」というようなことを信じていた国ですから、何らかの原因を理解する人もいるかもしれません。

私は、「この世に起きることに、完全な偶然など、ほとんどなかろう」と思っていますので、何らかの原因はあるでしょう。

また、地球自体も、単なる水と岩の塊《かたまり》ではなく、丸い形ではありますが、生命体としては生きているような気がします。そして、その生命体の意志の一部が分離《ぶんり》し、高級神霊《しんれい》の一部として、何か考えを持って動いている場合もあるのではないでしょうか。それは人間界とも連動する可能性があるのではないかと思います。

やはり、日本に、あるいは外国も含めて、「警告をしたい」という意味で起きているのであれば、その真意を読《よ》み解《と》く必要があるでしょう。

さらに最近は、ネパールの地震に続き、インドでは四十六度以上の熱波《ねっぱ》が来て、二千人を超《こ》える人が死んだりしました。また、同じ頃《ころ》、日本では三十度を超えていましたけれども、アメリカでは雪が降るなど、やや異常な現象も起きたりしています。このあたりについても分かりません。

とにかく、地球に何か異変が近づいているなら、そのへんを霊査《れいさ》したいと思います。場合によっては、〝ノストラダ隆法〟として出さなくてはいけない可能性もあるのですが（笑）、あまり怖がられても、よろしくないでしょう。

（質問者の）酒井さんの名前で出してしまいましょうか。

酒井　（苦笑）私は、予言できないですから。

大川隆法　「デーモン酒井・著」とか（笑）。

日本各地で活発な動きを見せている火山活動

大川隆法　それではどうしましょうか。

斎藤　今、大川隆法総裁からお話を頂いた箱根の火山性地震や、九州・口永良部島の噴火、また、小笠原諸島西方沖《せいほうおき》を震源地とする地震、こうした一連の異常現象につきましては、今、「どのような被害が出ているのか」という報道等が多々ございます。

そこで、まず全体像のイメージをつかむために、天雲〝キャスター〟の用意した画像とともに、その流れについて簡単にレクチャーを受けたいと思いますが、いかがでしょうか。

天雲　はい。では、大川総裁の先ほどのご紹介《しょうかい》とも多少重なる点があるかもしれませんけれども、詳細《しょうさい》を紹介させていただきます。

日本では、最近、火山活動が目立っていますが、（モニターに表示された図解を見ながら）今、気象庁が常時観測している活火山は五十ほどあります。

そのなかには現在、警報の出されている

火山が十三ほどあり、ここに口永良部島なども入っています。

大川隆法　うん。

天雲　この一週間ほどで大きなニュースになったのが、鹿児島県の口永良部島でございます。

また、箱根や、昨年の御嶽山、西之島《にしのしま》、桜島《さくらじま》も入っています。

そして、「ザ・リバティ」（二〇一二年四月号）のほうでも、あの「三・一一」から一年後、日本の未来を案じて、震災の予測の記事を掲載《けいさい》しておりました。

2013年11月、新しい火砕丘の出現以降、成長を続ける西之島。東西2Km、南北1.9Kmで、東京ドームの約55倍（2015年5月20日時点）となっている。

「ザ・リバティ」2012年4月号
「天変地異から日本を救え」

大川隆法　なるほど。

「警戒《けいかい》レベル5」で全島民が避難《ひなん》した口永良部島《くちのえらぶじま》の噴火《ふんか》

天雲　まず、口永良部島《くちのえらぶじま》ですけれども、昨年の八月三日、この島の新岳《しんだけ》が三十四年ぶりに噴火《ふんか》し、五月二十九日の午前九時五十九分、爆発的噴火が五分程度続きました。

（モニターに新聞記事を映す）これが翌日の新聞ですが、噴石が火口周辺に飛び散り、火砕流《かさいりゅう》の一部は海岸まで達したということでございました。

大川隆法　うん、うん。

天雲　（島の状況《じょうきょう》を撮《と》った二枚の写真をモニターに映す）それから、こちらは小学生が撮った写真らしいんですけれども、もう一枚は、家屋《かおく》に火山灰が積もっている様子です。

大川隆法　なるほど。

天雲　それで、「噴火警戒《けいかい》レベル5」ということで、住民の方は百三十七名全員が屋久島《やくしま》のほうに避難《ひなん》され、今現在は一時帰島していますが、いまだ警戒が続いています。

大川隆法　この感じは、「ポンペイ」寸前ですね。

気象庁初、四十七都道府県すべてで揺《ゆ》れを観測した小笠原沖地震《おがさわらおきじしん》

天雲　続きまして、小笠原《おがさわら》ですけれども、当初、「マグニチュード8・5、震源《しんげん》の深さ五百九十キロメートル」と報道されましたが、あとで、「マグニチュード8・

●ポンペイ　かつてイタリア近郊に存在した古代都市。西暦1世紀、ヴェスヴィオ火山噴火による火砕流で町が地中に没した。

1、深さ六百八十二キロメートル」に訂《てい》正《せい》されました。これを「深発《しんぱつ》地震」と言います。

そして、なんと、気象庁の観測開始以来初めて、四十七都道府県すべてで震度1以上を観測したという、「異常震域の大きな地震だった」とも言われています。

大川隆法　うーん……。

天雲　山手線が止まったり、エレベーターが止まったり、各地で被害が出たかと思います。

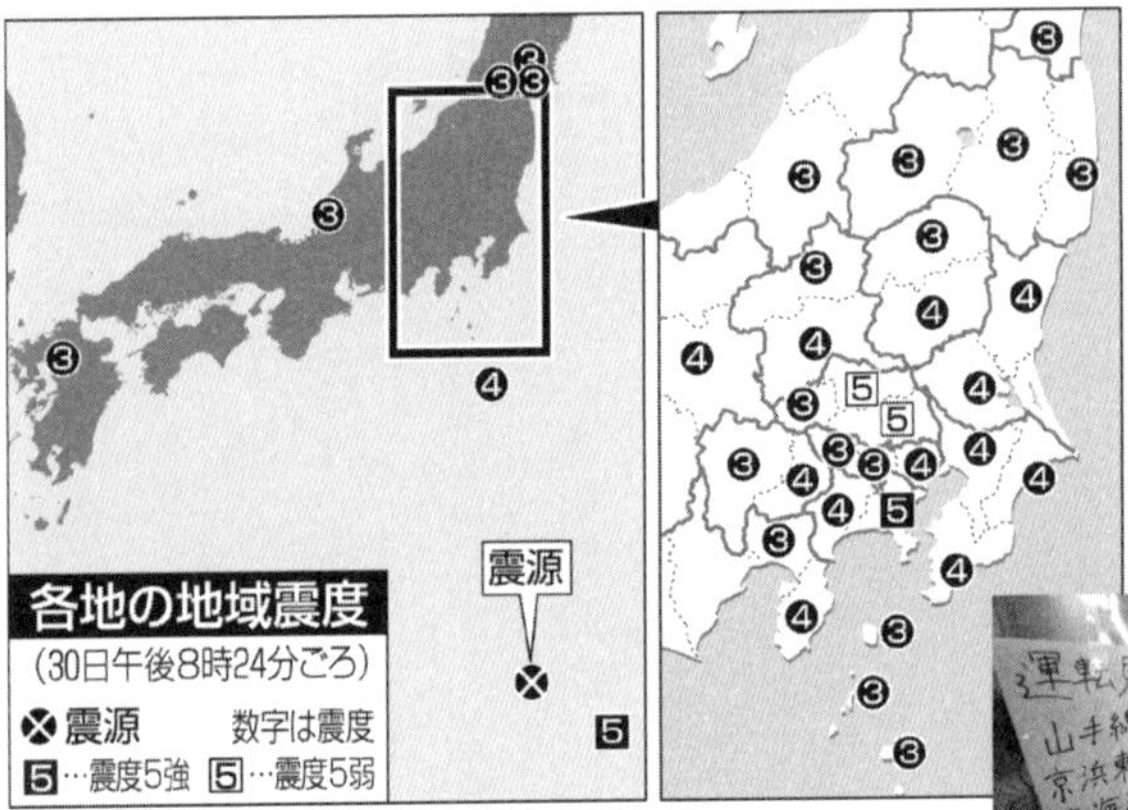

2015年5月30日夜に起きた小笠原沖地震。地震の影響で首都圏では一部列車運転見合わせなどが相次いだ。規模・震源の深さともに過去最大級の地震という。

日本全土がグラグラしている今、首都圏《けん》に大災害は来るか

天雲　続きまして、箱根ですけれども、四月末から五月にかけて、火山性地震が二千回ほど発生しています。

大川隆法　うーん。

天雲　これは大涌谷《おおわくだに》です（モニターに写真を映す）。こちらも、今現在は「噴火せずに、沈静化《ちんせい》の可能性が高いのではないか」と、静岡大《しずおか》が発表したりしてはいますが、いまだ、警戒は続いています。

斎藤　今、モニターにナマズの絵がチラッと映《うつ》り

2015年5月6日、神奈川県箱根町の大涌谷が「噴火警戒レベル2」となった。

ましたね。

大川隆法　（笑）

天雲　ナマズも……、はい。

斎藤　（笑）昔は、こうやって信じていたんですね。

天雲　はい。

斎藤　鹿島神宮《かしまじんぐう》の「要石《かなめいし》」というものがあって、それで巨大ナマズを押《お》さえているということで……。

鹿島神宮の森の奥には「要石」が祀られている。
（左：地震を起こした大ナマズを鹿島の神が要石で押さえつけ、他のナマズに説教をする様子を描いた「鯰絵」）

大川隆法　（笑）かわいいね。

斎藤　はい。地震を起こすナマズです。

大川隆法　まあ、確かに、箱根が噴火したり、浅間山《あさまやま》や富士山《ふじさん》が噴火したりしたら大変で、人々が最終的に恐《おそ》れているのはこの辺でしょう。「首都圏《けん》にも来るかもしれない」という……。

埼玉《さいたま》のあたりでも地震がありました（二〇一五年五月二十五日）。うーん。そういう意味では、確かに「全土グラグラ」ですか。

口永良部島《くちのえらぶじま》における巨大噴火《きょだいふんか》の霊的《れいてき》原因を探《さぐ》る

大川隆法　よし、それでは、どこからいきますか。

斎藤　口永良部島《くちのえらぶじま》からは、いかがでしょうか？

大川隆法　うん。

斎藤　口永良部島の爆発的噴火《ふんか》、まずこちらからいきたいと思いますが、先ほどの導入のご解説のなかにもありましたけれども、「どういう霊的《れいてき》な原因があるのか」という点があります。

大川隆法　霊的原因はあるのか、あるいは、ないのか。ない場合には、自然科学的な説明になるかもしれません。

はい、それでは、口永良部島からいきましょう。

鹿児島県の口永良部島で、先般、巨大噴火および火砕流が起き、島民避難となりましたが、これに関し、何らかの神意・天意が働いているのか、この噴火に霊的な原因があるのかどうか、探《さぐ》りを入れてみたいと思います。

もし、口永良部島の噴火に際し、何らかの天意・神意を日本国民に伝えたいと思いし者あらば、今、幸福の科学総合本部に現れたまいて、その本心を語りたまえ。

口永良部島噴火に際し、何らか、日本人への警告ないし注意を促《うなが》したいと思い、それに関係している霊的存在がありましたら、現れて、その旨《むね》をお説きください。


（約三十秒間の沈黙《ちんもく》）

2　口永良部島噴火《くちのえらぶじまふんか》の背景にあった「警告」とは

沖縄《おきなわ》の現状を残念がる「霊人《れいじん》」が現れる

口永良部島噴火にかかわっている霊人（以下、霊人）（咳払《せきばら》い）ううーん。

斎藤　この度《たび》の口永良部島《くちのえらぶじま》の噴火《ふんか》に関係する神霊《しんれい》の方でいらっしゃいますでしょうか。

霊人　（椅子《いす》の背もたれに寄りかかり、やや胸を張る）うん、うーん……。うん！ああ……。

斎藤　今、何か伝えたい思いをお持ちでしょうか。

霊人　うん。

斎藤　「うん」と大きくうなずかれましたが、今、いちばん強く〝噴火〟するような強く出したい思いがありましたら、私たちに言葉にてメッセージを賜《たまわ》れれば幸いに存《ぞん》じますが、いかがでしょうか。

霊人　うん、うん……。うーん。残念だ。

斎藤　「残念である」と？

霊人　うん。残念だ。

酒井　何が残念なのでしょうか。

霊人　うん？　沖縄《おきなわ》……。

酒井　具体的に言いますと、今、沖縄で問題になっている基地の問題とか？

霊人　うーん。沖縄県知事なあ。日本国をないがしろにして、独立運動を起こしておるなあ。残念だな。残念だ、まことに……。

「戦艦大和《せんかんやまと》が怒《おこ》っている」と語る軍人の霊《れい》

酒井　冒頭《ぼうとう》で大川総裁から、「この近くは戦艦大和《せんかんやまと》の沈《しず》んだ場所である」という話がありましたが、それとの関係も踏《ふ》まえて、この場所で噴火が起きたのでしょうか。

霊人　うん。そうだな。

酒井　それは日本人に対するどのようなメッセージになりますでしょうか。

霊人　戦艦大和が怒《おこ》っとるのだ。

酒井　なるほど。すると、あなた様は、軍事的なところにもご関係があられる方でございますか。

霊人　目覚《めざ》めたのだ。

酒井　どこから、目覚められたのでしょうか。場所とか？

霊人　いや、眠《ねむ》っておったんだ。

酒井　どこで眠っていらっしゃったんですか。高天原《たかまがはら》とか？

霊人　眠っておったんだが、目覚めたのだ。

酒井　ああ。いつぐらいに目覚められましたか。

霊人　おまえたちが〝起こしに来た〟から。

酒井　としますと、大川総裁が沖縄に入られたあたりから？（注。二〇一五年四月十九日、著者が幸福の科学　沖縄正心館《しょうしんかん》に巡錫《じゅんしゃく》し、法話《ほうわ》「真の平和に向けて」を説

いたことを指す。『真の平和に向けて』〔幸福の科学出版刊〕参照）

霊人　うん？

綾織　海軍に関係ある方でいらっしゃいますか。

霊人　まあ、長く眠りすぎたのでなあ。そろそろ指揮《しき》を執《と》らねばならん。

綾織　海軍で指揮を執られていた方でいらっしゃいますね？

霊人　うん。

『真の平和に向けて』
（幸福の科学出版）

斎藤　ああ、「軍人さん」でいらっしゃいますね？

霊人　うん。

酒井　とすると、最後、大和に乗船されていた方と関係があられるのですか。

霊人　うーん、最後ではないな。

酒井　最後ではない？　最初ですか。

霊人　うーん……。

綾織　真珠湾攻撃《しんじゅわんこうげき》のあたりも、全軍の指揮を執られていた方ですか。

霊人　眠っておったんだがなあ、長らく。長らく眠っておったんだが、君らが〝つつく〟からさあ。まあ、責任を感じて今、戦艦大和は発進《はっしん》だ！

以前、霊言集《れいげんしゅう》に出た人物であることが判明

酒井　五月二十九日というのは、ちょうど戦艦大和が広島湾を出港した日なのです。初めて、ミッドウェーに出港《しゅっこう》した日ではあるんですよ。

霊人　うん。悔《くや》しいなあ。

酒井　その日に噴火が起きていると……。

霊人　君、詳《くわ》しいなあ。

酒井　とすると、例えば、山本五十六《やまもといそろく》という方はご存じでしょうか。

霊人　ああ、「呼び捨て」はいかんな。

酒井　すみません（苦笑）。

斎藤　長官でいらっしゃいますか。

山本五十六　君らがなあ、〝変な〟霊言集《れいげんしゅう》を出したからさ、わしは今、完全な無能男と認定されつつあるんだ（注。二〇一〇年五月発刊の『マッカーサー 戦後65年目の証言』〔幸福の科学出版刊〕の第3章に山本五十六の霊言が所収されている）。

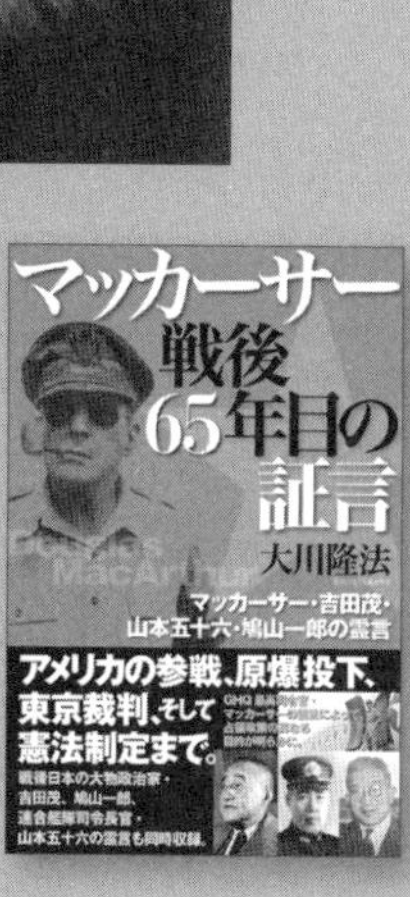

山本五十六（1884 ～ 1943）
海軍大将。第二次大戦時、第 26 代、第 27 代連合艦隊司令長官。真珠湾攻撃、ミッドウェー海戦を指揮。前線視察に行く途中、ソロモン諸島上空で戦死。死後に「元帥」を追贈。

（右）2010 年 4 月に収録された「山本五十六の霊言」所収の『マッカーサー　戦後 65 年目の証言』（幸福の科学出版）

酒井　いやいや（苦笑）。

山本五十六　これが怒らんでおられるか。

酒井　最初の霊言のときに、私はご質問させていただいたのですが……。

山本五十六　まあ、ちょっと眠っておったからなあ。あのときは、まだちょっと眠りについとったからなあ。今、目覚めておるのだ。

酒井　そうですか。あのときから、どういう変化があったのでしょうか。

山本五十六　まあ、さまざまな報告を受けてだね、「このままでは日本はいかん」と。「再び出陣《しゅつじん》せねばならん」と。「大和出陣のとき、来たれり！」。

綾織　当時はブーゲンビル島（ソロモン諸島）だと思うのですが、あなたはそこに残っていらっしゃって、その後……。

山本五十六　肉体はな。肉体はそういうことではあるけども。肉体及《およ》び肉体に付随《ふずい》するところの人体様《じんたいよう》の〝モヤモヤ体〟は残っとったかもしらんけれども、神霊《しんれい》としての山本五十六は、そんな所にはおらんのだ。

酒井　そこにはいらっしゃらないわけですね？

山本五十六　神霊は〝休火山〟として、ちょっと高天原で眠っておったのである。

綾織　高天原で〝お眠り〟になっていたと？

山本五十六　うん。

綾織　この間《かん》、五年はたっているかと思うんですけれども。

山本五十六　ああ、なんか急になあ、『永遠の0《ゼロ》』だとか、何だか、そういうのがうるさくなってきたな。なんかなあ、いろいろと「ウーン」とうるさくなってきてだなあ、「もっとしっかりしろ」っていうような感じのがグワッと来るわなあ。「戦争反対」を唱えとった新聞がガタ落ちしてなあ、〝戦争推進〟の産経新聞が躍《やく》進《しん》したりしてなあ。

綾織　いや、「推進」というところまではいかないと思うんですけれども。「国を護《まも》ること」だと思います。

山本五十六　いやあ、国体が間違《まちが》わないようにせないかんわなあ。私にも責任はある。

「菊《きく》の御紋《ごもん》」をやっぱりねえ。「菊の御紋」は海底に沈んどるだけでは済まんでな。「武蔵《むさし》」も発見された。「大和」はなあ、「大和」は日本の誇《ほこ》りだからな。

酒井　今、「大和を引き揚《あ》げよう」という声が自民党の議員あたりから……。

山本五十六　いや、造ってもいいんだがなあ。引き揚げんでも、造ってもいいんだけど。

酒井　そうですか。

山本五十六　いやあ、あのなあ……、十分に戦えなかった悔しさが残る。

火山の噴火《ふんか》は「連合艦隊《かんたい》の怒《いか》れる諸霊《しょれい》の総意」

酒井　なぜ、山本長官が火山の噴火《ふんか》とかかわられているのかが分からないです。この霊的《れいてき》なつながりを知りたいのですけれども。

山本五十六　「怒《おこ》っとる」っていうことだろ、噴火は。

酒井　「山本長官が怒られると、火山が噴火するぐらいのエネルギーがある」ということですね?

山本五十六　そう。連合艦隊《かんたい》が、もう怒っとるんだ。

斎藤　「山本長官の怒《いか》り、公憤《こうふん》の思いが天変地異を起こす」ということは、にわかには信じがたいところもあるのですが。

山本五十六　信じろ！

斎藤　いや、いや（苦笑）（会場笑）。軍人として大砲《たいほう》とか撃つならば……。

山本五十六　火口から〝四十六センチ砲（十八インチ砲）の砲弾《ほうだん》〟を、ほんとうは沖縄の知事公舎に向けて撃ち込《こ》みたかったところではあるんだが、ちょっと届かんかった。

酒井　ただ、お一人でこの噴火を行われているわけではないんですよね？

山本五十六　まあ、そらあ、そうだろうなあ。そらあ、そうではあろうが。

酒井　何かの総意ですか。

山本五十六　いやあ、「連合艦隊の怒《いか》れる諸霊の総意」だな。総意、総意だ。沖縄《おきなわ》を護《まも》るために戦った者にとって「琉球《りゅうきゅう》独立運動」は屈辱《くつじょく》

酒井　「今回、その代表として、この場にお出《い》でいただいた」ということでよろしいですか。

山本五十六　沖縄《おきなわ》を中心にして、今、日本を霊的に揺《ゆ》さぶってるわな。〝黒い雲〟がかかってな。

君たちね、鹿児島《かごしま》からは、大和も出たけれども、特攻隊でな。沖縄へ向けての特攻はかなり多かったと思うよ。だからね、沖縄へ向けて特攻した人たちの散っていった気持ちをないがしろにするような、そういう「琉球独立運動《りゅうきゅう》」みたいなものは、やっぱり、そりゃ許せんよ。「今、思い出せ」と言ってるんだ。

酒井　なるほど。山本長官は数年前に目覚められましたが、その間の戦争の経緯《けいい》は、そのときはご存じなかったのですが……。

山本五十六　ちょっと休んどったからな。

酒井　それを振《ふ》り返ったときに、当時の沖縄に関して、今の日本人に何か伝えたいことがあれば……。

山本五十六　まあ、「当時、戦った人たちが、今の沖縄の現状を見たら、どう思うか」っていうことだな。

だから、「米軍基地が憎《にく》い」っていうのは分からんことはないよ。戦時中の感じから見たら、それは分からんことはないけども。何て言うかなあ、「本土だけで、ほかと戦っとれ」みたいな感じの？　「沖縄は関係ない第三者だから、持ち込むな」みたいな感じの考え方は、沖縄を護《まも》るために戦った者たちにとっては屈辱《くつじょく》だな。許しがたいなあ。

そんなんだったら、特攻なんかできなかったし、大和だって、あんなとこで護衛機もなくて沈没《ちんぼつ》させられるなんていうことはなあ……。

それは予想されてたことであって、「無謀《むぼう》すぎる」と十分言われたことであるけども、ああいう最後になる場合だったら、「まだ機動部隊が健在だったときに、マッカーサーのところへ突《つ》っ込んでいって、撃って撃って撃ちまくるべきだった」ということを、戦後、いろいろ言われてはおるんだろうとは思う。

愛国心をなくした国民は「天の怖《こわ》さ」を知るべき

山本五十六　山本五十六は、当時はいちばん優秀《ゆうしゅう》な人材だっただろうと思ってた人は多かったんだけど、君らの霊言集が出てから、「やっぱり、鈍才《どんさい》だったのと違うか」っていう声も強くなってきたから、これはこのままではいかんわな。

綾織　その意味では、今日は非常に貴重な機会だと思うんですけれども。

山本五十六　そうなんだよ。だから、わし……のなかの神様の部分を出さないかんよなあ。

酒井　最近、霊言によって、「当時の軍人の方々は超《ちょう》一級の日本人であった」ということが明らかにされているわけです。

山本五十六　君、いい言葉を知ってるなあ。だから、「山口多聞《やまぐちたもん》だとか、栗林中将《くりばやしちゅうじょう》とかがトップだったら」なんていう……。わしで十分それはやれたんだ。わしで十分やれたんだが、ちょっとな。うーん、いやねえ、不全感《ふぜんかん》はあるよ。戦後、全体に対してな。

だから、わしが眠ってたのには理由があるわけで、眠らせとかないと怒るからさ。だから、眠らされとったんだろうと思うけど。怒るからさ。

戦後の日本史や日本の憲法学界、政治学界、歴史学界、その他いろんな学界がつくった教育思想を、わしが見たら怒るでなあ。だから、眠らされてたんだとは思うけども、目覚めてみたらだなあ、「戦後の教育はこんなことになっとったか。なれ果てとったか」と。

やっぱり、これじゃ、国民が愛国心なくしてだねえ……。さらに、最近は罰当《ばちあ》たりな本なんだが、明治維新《いしん》に遡《さかのぼ》って、「吉田松陰《よしだしょういん》あたりの〝テロリストグループ〟

●山口多聞（1892 ～ 1942）海軍少将（死後に中将）。ミッドウェー海戦に空母「飛龍」艦長として参加。山本五十六の後継者と目された。

●栗林忠道（1891 ～ 1945）最終階級は陸軍大将。硫黄島の戦いにおける日本軍守備隊の最高指揮官を務めて徹底抗戦。アメリカ世論を揺さぶった。

が太平洋戦争まで導いた」みたいな本まで売ってるけしからんところもあるだろう。ああいうのが出てき始めたんでな。これは、やっぱり、「天の怖《こわ》さ」を少し知ってもらわな、いかんな。

3　山本五十六大将は先の大戦をどう見ているか

「判定勝ち」のチャンスがあったアメリカとの戦争

綾織　せっかく目覚めていただいたので、簡単で結構なので、お答えいただければと思います。

山本長官は、真珠湾《しんじゅわん》からミッドウェーの戦い等を指揮されましたが、今、振《ふ》り返ってみて、「こうすればよかった」とか、「これでよかったのだ」とか、アメリカとの戦い全般《ぜんぱん》において思われていることは何でしょうか。「思い残したことがある」という話もありましたけれども、今、何を思われているのでしょうか。

山本五十六　わしは基本的に二年でいちおう停戦して、「判定勝ち」を収める作戦だったんでなあ。だから、二年で終わりにすれば、「判定勝ち」に持ち込《こ》めるチャンスはかなりあったとは思うんだがな。長期戦をやれば、これは国力の差がどうしても出るのでしかたがないと思うが。

いやあ、君らは、いろいろ政治家に揺《ゆ》さぶられて、いろんなことを言うとるようだけども、真珠湾だってね、私は国際法違反《いはん》をして奇襲《きしゅう》するつもりであったわけではないんで。「最初から、開戦前に通告するように」って、くどく、くどく念を押《お》して言っとったし、南雲《なぐも》●がああいう用心深い性格なんで、「第三波攻撃《こうげき》をしないで逃《に》げて帰ってくる」というのは、読んではいたんだけどね。

ただ、戦艦《せんかん》と空母部隊であれだけ長い距離《きょり》を移動して、見つからずに奇襲が成功する可能性っていうのは、かなり少ないことでもあるんでなあ。わし自身が指揮を執《と》ってもよかったんだけども、万一《まんいつ》、途中《とちゅう》で見つかって攻撃を受けた場合、緒戦《しょせん》で全滅《ぜんめつ》してはならんので、南雲にやらせてやったんだけども。

もし、判定勝ちで勝負がついていた場合、あれ自体は歴史的には、「奇跡《きせき》のウル

●南雲忠一（1887～1944）海軍中将（死後に大将）。海軍大学校卒業。第一航空艦隊司令長官として機動部隊を率いて真珠湾攻撃を指揮。ミッドウェー海戦で敗れ、のちサイパン島で自決。

トラＣ攻撃」として評価されていたもんだろうとは思うんだよな。

わしは最近、目覚めとるから、ときどき、（大川）総裁の話を聴《き》いておるんだけども、この前、君らはよく分かっとらんから、「真珠湾（攻撃）が効《き》かなかった」とか、「（アメリカを）怒《おこ》らせただけだ」とかいろいろ言うとった（『硫黄島《いおうとう》 栗林忠《くりばやしただ》道《みち》中将《ちゅうじょう》の霊言《れいげん》 日本人への伝言』〔幸福の科学出版刊〕参照）。

戦艦比率は米英が五で、日本が三の比率だったよな。（日本は）戦艦比率が抑《おさ》えられてたんで、巨大《きょだい》戦艦もつくったし、それで真珠湾だけで、戦艦五隻《せき》を撃沈《げきちん》ないしは大破させた。要するに、アメリカの太平洋艦隊の戦艦五隻を沈《しず》めてるんで。これで戦争のはじめにおいて戦艦比率を修正してしまおうとしてたんでなあ。まあ、空母を逃がしたのは残念だったけど。

『硫黄島 栗林忠道中将の霊言 日本人への伝言』（幸福の科学出版）

アメリカは真珠湾攻撃《しんじゅわんこうげき》を予測できていなかった？

山本五十六　あのときアメリカのほうは読み違いしとって、ハワイがやられるとは思ってなかった。あちらも模造品《もぞうひん》っていうか、何て言うの、模擬船《もぎせん》みたいな。そういう木の張りぼてでつくったような、おんぼろの木造船を、フィリピンの近海に走らせた。日本軍に沈めさせようとして、同じ時期にわざと走らせとったんだけど。「そっちを攻撃《こうげき》するだろう」と思って、沈められてもいい中古船を走らせとったんだから。おとり船な。そっちに来ると見てた。近いからな。そっちに来ると思ってたのが、〝まさかのハワイ攻め《ぜ》〟だったんで、ちょっと驚《おどろ》いたことは驚いた。

直前に暗号解読をして、それは知ってたのは知ってたけど、アメリカだって官僚《かんりょう》システムだからね。日曜日だったしね。だから、急に動きはしない。役所が動かないので、「まさか」っていうのが多かったために、被害《ひがい》は出たけどねえ。

だから、あちらも攻撃させるつもりで、おとり船を出しとったんだからさあ。近海でなあ。日本の南でなあ。

酒井　通説というか、今、よく言われているのは、「アメリカは、日本軍にハワイへ撃《う》ち込ませるのが狙《ねら》いだった」という……。

山本五十六　いや、そんなことはない。

酒井　それはないんですか。

山本五十六　ハワイまでは来れるとは思ってなかった。

酒井　なるほど。

山本五十六　特に「連合艦隊がアリューシャンのほうから北部回りで、あそこまでの遠距離を来て、攻撃する」というのは、分からなかった。

わしは戦艦大和を……。うーん、そのときは大和じゃなかったかなあ。旗艦は長門《ながと》だったかもしれない。その当時、広島で指揮は執っておったけども、わし自身は突《つ》っ込まなかったことを卑怯者《ひきょうもの》呼ばわりする者もおるかもしらんけども、まだ、南方戦線の戦いがあったでなあ。それで全部賭《か》けるわけにはいかなかったんで、あれなんだけど。あれはあれで、第二波までは攻撃して、戦果は大きかったとは思うわね。

だから、「アメリカ人が怒った」とか言うても、それは〝後追《あとお》い〟だからな。今で言やあ、「世界貿易センターがテロ攻撃を受けて三千人が死んだから、激昂《げっこう》してイラク戦争が起きた」っていうのを言っとるだろ。まあ、後追いだわな。

だけど、アメリカの象徴《しょうちょう》を攻撃するときには、そこまではあんまり考えておらんわな、(攻撃)してる人はな。考えてなかったし、見事に成功はしたんだろうけれども、反撃として国まで攻めてくるっていうか、アメリカが国際法違反して、あそこまで土足で上がってくるとは思わなかっただろうけど。（アメリカは）ハワイのあれ（奇襲）でダメージを受けて、ヨーロッパ戦線もまだ開いてたからねえ。「両面で戦いを展開するのは、ちょっと反対」っていう声が高まることも可能性としてはあったんでねえ。

あちらは宣伝がうまかったからなあ。ちょっと悔《くや》しかったかなあ。

ミッドウェー作戦で戦艦大和《せんかんやまと》があとからついていった理由

綾織　問題はその後のミッドウェーの戦いです。そこでは暗号を解読されたり、待ち伏《ぶ》せされたりしているような状態のなかで戦いが始まっていきました。山本長官も出陣《しゅつじん》されましたが、乗船された戦艦大和《せんかんやまと》は、「戦いの場に辿《たど》り着かなかった」ということがあり、そのなかで空母が攻撃されました。このように「戦艦大和が間に合っていない」という点はどのように思いますか。

山本五十六　考え方がな、多少、それは議論されとるけども、「空母が〝王様〟だ」とは思ってなかったところが確かにあった。「（空母は）〝飛車《ひしゃ》・角《かく》〟に当たる部分で、やっぱり戦艦が〝王様〟だ」と思ったところがあるからね。

だから、「旗艦大和が沈まないかぎりは、連合艦隊は敗れていない」という気持ちがあったから、慎重《しんちょう》だったところはそうかもしらん。

空母は〝飛車角〟の部分で、飛車角が落ちても「負けた」とは言えない。けれども、王様を取られたら負けだから、その意味で、安全を守ったところはあったかもしれないがな。

負けた総司令官を解任しなかったアメリカの「腹の太さ」

山本五十六　ただ、実際、フィリピン戦で、マッカーサーを追い立てて、オーストラリアまで逃げさせているわけだから。日本であったら、マッカーサーは解任だよね。

綾織　そうですね。

山本五十六　日本の軍隊なら、解任されてるはずだからさ。「あれで解任しないで、また、もう一回戻《もど》ってくる」というような、ああいう信《しん》賞必罰《しょうひつばつ》ではないこともアメリカはやってるわけで。あなたがたは「(アメリカは)能力主義で抜擢《ばってき》する」とか言ってるけれども、アメリカは、あんなの、マッカーサーを解任しなきゃいけないんでな。

あれで解任しておれば、もうアメリカの負けの流れは、トレンドができたから。

酒井　そうですね。

山本五十六　だから、ある意味では、「オーストラリアまで逃げて帰った向こうの総司令官を温存《おんぞん》した」っていうところが、やっぱり、アメリカの政治のなかで、人事をやってるやつが、そうとう〝腹〟が太かったのかなとは思うがな。

アメリカは「空母」と「修理の能力」が戦力として大きかった

酒井　ミッドウェー海戦に関しては、負けはしましたが、勝つ可能性もあり、ギリギリの戦いのなかで、ほんの一つのきっかけさえあれば、日本が勝つこともできたとは思うんです。

ですから、「ミッドウェー島を攻略しよう」というあの作戦自体が完全に失敗だったとは思いません。

山本五十六　（一瞬《いっしゅん》の沈黙《ちんもく》の後《のち》）うーん。

酒井　ただ、少し「焦《あせ》り」があったのかなとは思います。もしかすると、私が想像するに、やはり、真珠湾《しんじゅわん》攻撃で、石油基地を潰《つぶ》せなかったり、空母などを取り逃がしたことに関して、山本五十六長官に、「早く戦争を終結させなくてはいけない」という焦りが、多少、出ていたのかなという気がするのですが……。

山本五十六　確かに、（アメリカは）空母が被害を受けていなかったからね。まあ、あのあたりが、向こうのほうが……。空母だな。

それと、何か修理してくる能力が速いっていうか、「こちらが大破《たいは》させた」と思ってるやつを修繕《しゅうぜん》して出てくる速度が、実は速いんだよなあ。

だから、「まさか、いないはずのものが出てくる」っていうようなことも、アメリカの場合は多くて、現にある戦力の比だけではなくて、「何か修繕してくる能力」、あるいは、「新しくつくるもの」、それから、「補給する能力」、このようなところが意外な戦力として大きかったわなあ。

「大東亜共栄圏《だいとうあきょうえいけん》」の発展・繁栄《はんえい》は日本の神々の考えだった

斎藤　アメリカは、物量作戦《ぶつりょうさくせん》ができたというか、工業力がものすごく発達しているので、Ｂ29なども戦時中の二年間で四千機近く、ガンガンつくってやっていました。しかし、日本は、今、山本長官もおっしゃっていましたが、最後は「特攻」というかたちで「ゼロ戦」が行きました。また、「大和」までもが、「戦艦特攻」というかたちを取って、最後は護衛艦もほぼ付けずに突っ込んでいくようなことをしました。

山本五十六　うーん、うーん。

斎藤　そうした日本の戦い方は、「アメリカの工業力を精神戦で超《こ》えよう」としたように、私たちがあとで歴史を学ぶかぎりでは見えてくるのですけれども、そのあたりの二年間で、先ほどおっしゃられたような停戦や講和に持ち込めなかったということについては、今何か、悔《く》いの気持ちや、「判断ミスだった」というようなお考えはおありなのでしょうか。

山本五十六　うーん……。

しかたない。トップの責任としては、それは何を言われても文句《もんく》は言えんところは、あることはあるけれどもね。とにかく、「この大和の国を護《まも》る」ということは、もう最終防衛ラインだな。

もちろん、これは最終防衛ラインだけれども、この「大東亜共栄圏《だいとうあきょうえいけん》」かな、そういう、今、中国が狙ってるところの太平洋圏だよな。ここのところを発展・繁栄《はんえい》させて、日本文化を広めようという流れは、確かに、第二次大戦のもっと前より始まってたことであってね。

江戸《えど》時代あたりから、いろいろな神道《しんとう》系の新宗教がたくさん起きていたと思うけれども、そのあたりもみんな、何か「大きな日本の使命の目覚め」のようなことについては、神々からの「お伝《つた》え」はあったし、そのなかでも、「日本は大きな被害を受けるかもしれないけれども、何か世界を改革する使命があるんだ」というようなことは、大本教《おおもときょう》とか、そういうものなどからも出てるはずだな?

だから、そういう被害を受けたりするんだけれども、やっぱり、「三千世界《さんぜんせかい》に花を開かせる仕事がある」ということだ。日本の神々が、国際世界に〝デビュー〟しようとしておった時期ではあるんだよ。

それがまったくの嘘《うそ》でなかったことは、戦後の発展を見れば、「日本イズム」というか、もし「日本型政治・経済信仰《しんこう》」が広がったとしても、ソ連や中共などが世界を制覇《せいは》するよりは、はるかによいものになっていたと思うし、植民地の部分でも、やっぱり、欧米《おうべい》の植民地であったよりは、日本の植民地下になったところのほうが、幸福感は高かったと思う。

それは、すでに台湾《たいわん》等で証明されていたとおりのことで、同胞《どうほう》に対しては、われわれは「愛」の気持ちを持って接しておったのでな。

ただ、「アジア太平洋の雄《ゆう》である」という自覚は持ってたんでね。だから、実質上、日清《にっしん》、日露《にちろ》、第一次と（戦争が）終わって、この太平洋圏は日本に任されておったのだよ。当時の国際情勢を知っておる人から見れば、任されておったわけで。

アメリカのほうが後発で、「何か権益を取ろうとして手を出してきた」と言うべきかと思うんだな。

4　山本五十六大将は「現代日本」に何を伝えたいのか

口永良部島《くちのえらぶじま》の噴火《ふんか》は日本人を「目覚めさせる」ための狼煙《のろし》

酒井　今回、山本長官は、「噴火《ふんか》」というかたちで意志を示されました。

山本五十六　うーん。

酒井　今、中国は南沙《なんさ》諸島などにも入ってきていますけれども……。

山本五十六　うん、そう。考えておる。

酒井　このあたりについて、今後、山本長官は、「日本、あるいは、日本人はどのようにしていくべきだ」とお考えでしょうか。

山本五十六　だからね、「天変地異をわれわれが今、起こしている」というのは、「目覚めよ」と言って信号を送ってるわけだよ。そういう災害対策には自衛隊が出ていくわな。つまり、「災害」と「戦争」は一緒《いっしょ》なわけだ。

口永良部島《くちのえらぶじま》の噴火なんかは、「九千メートルも噴煙《ふんえん》が上がった」と言ってるけれども、あんなの、原爆《げんばく》が落ちたのと変わらないでしょう？　あの噴煙の上がり方を見たらな。

被害《ひがい》は出さんようにしたよ、努力してな。うまく被害は出さんように、全員無事にさせてやったけれども、いちおう信号だよ。狼煙《のろし》を上げたわけで……。

斎藤　あれは、目覚めさせるための……。

山本五十六　うん、狼煙だよ。そういう国家的な災害対策、緊急《きんきゅう》対策のね。「国家緊急権が発動《はつどう》できるような体制を常時《じょうじ》、持たねばならん」という危機意識を、今、持たそうとしてるわけだよ。

だから、別に原発反対のために噴火してるわけじゃなくて（苦笑）、危機意識を持たそうとしてるんだよ。

斎藤　確かに、「そこには、自衛隊が真っ先に出動する」ということになるので……。

山本五十六　うーん。でしょう？　そう、そのとおり。

綾織　そうですね。

山本五十六　だから、（自衛隊）なくしては、どうにもならんでしょう。

綾織　うーん。

「われわれは世界正義の一端《いったん》を担《にな》うつもりで戦っていた」

酒井　沖縄《おきなわ》問題については、どのように考えられますか。

山本五十六　いや、沖縄は、あのままで済ますわけにはいきませんなあ。それは、君たちが今やってる思想運動があると思うけれども、戦死した人たちの霊言《れいげん》を出して、いちおう反論してるわな。

だから、中国・韓国《かんこく》でしょう？　主として言ってるのは。中国・韓国が日本軍を悪く言って、それに便乗する左翼《さよく》マスコミがそれを増幅《ぞうふく》させて、「日本が孤立《こりつ》する」

みたいな言い方をしてるけれども、これは歴史的認識としては、やっぱり誤りだろうと思うわな。

それを言ってる張本人の中国が、侵略《しんりゃく》に今、入ってるじゃないの。

酒井　そうですね。

山本五十六　それを同じ紙面の後ろのほうにちゃんと載《の》せておりながら、一面では、「日本の軍国主義化反対」みたいなことをやってるけれども、それのどこに「世界正義」があるのか。

だから、これに付随《ふずい》して、われわれは、「われわれがやっていた戦いは、そういう悪意のある侵略的なものではなくて、世界正義の実現の一端《いったん》を担《にな》うつもりでやっていたんだ」ということを、やはり言いたいわけだよ。

酒井　はい。

山本五十六　今、軍人たちも、みな火山のように目覚めてきておるし、靖国《やすくに》も〝噴火〟するぞ。ああ、これは別の意味だがな。

酒井　はい。

山本五十六　靖国が〝噴火〟するっていうのは、火山がここで噴火したら、たまらないけれども、そういうわけじゃない。靖国に集《つど》いし諸霊も奮起《ふんき》するわな。

酒井　奮起している？

山本五十六　うーん。奮起してる、奮起してる。それは奮起してる。

噴火《ふんか》や地震《じしん》は「国家の緊急《きんきゅう》体制」の必要性をPRしている

酒井　そうしますと、今、戦後七十年で、安倍《あべ》政権の安保法制法案の審議《しんぎ》も佳境《かきょう》に入っていますけれども、「これをどう舵取《かじと》りすべきか」ということについては、どのようにお考えでしょうか。

山本五十六　だから、今、噴火《ふんか》したり、地震《じしん》が起きたりして、そういう緊急《きんきゅう》体制、「国家緊急権の発動」の必要性を、今、PRしているわけだよ。

「そんなグダグダ、グダグダとやっとったら、いざというときには国民を救えません。来るときは突然《とつぜん》に来ます。中国の攻撃《こうげき》だって、北朝鮮《きたちょうせん》の攻撃だって、突然に来るので、そんな国会の議論なんか待ってません。来るときは突然に来ます。

そのときに、対応できる体制をつくらなきゃいけないですよ。自然災害で、それはお分かりでしょう。事前に、なかなか対策が打てるもんじゃないんだ」というようなことだよな。

東日本（大震災）だって、ある意味では、そういうところはあったかもしれないね。左翼政権に対して、「そういう、あなたがたのような宥和《ゆうわ》的な対策をやっていたら、どうなる」と。あれは戦争とほとんど一緒でしょう？ 東北にとってはな。

酒井　はい。

日本の神々は、隣国《りんごく》に辱《はずかし》められている状況《じょうきょう》に怒《いか》りを覚えている

綾織　各地で、今、起きている地震や噴火というのは、英霊の方々の思いを受けてのものなのでしょうか。

山本五十六　いや、日本の神々が、やっぱり、この国のだらしなさに対して怒《いか》っとるんだと思うな。

だから、靖国も、もうすぐ夏に問題になるんだけれども、祀《まつ》られてるご祭神《さいじん》のなかには、吉田松陰《よしだしょういん》、坂本龍馬《さかもとりょうま》、木戸孝允《きどこういん》、こういう先生がたも祀られてるわけであって、日本の明治以降の国造りのご祭神が祀られてるところでね。

そのあと、いろいろな戦いが続いて、この国ができてきた。それから、アジアの雄《ゆう》として立ってきた。世界のリーダーになってきた。それを象徴《しょうちょう》してるところなのでね。

それを諸外国というか、近隣《きんりん》の二国あたりに辱《はずかし》められて、ペコペコしているような政治が続いているということ。皇室が、非常に、今……、何だね、あれは？もう本当に芸能人扱《あつか》いぐらいの扱いを受けてな。軽い扱いを受けて、人気取りだけで生き延びようとしてるような状況《じょうきょう》？

われわれは、非常に望ましくない状況にあると思ってるんでね。もうちょっと硬《こう》派《は》にならないといけないんじゃないかな。

だから、韓国の〝大統領侮辱《ぶじょく》令〟みたいなのは、本当に、もう百年ぐらい笑えるぐらいのネタになるわね（注。二〇一四年十月、産経新聞が掲載《けいさい》した記事は朴槿恵《パククネ》大統領の名誉《めいよ》を毀損《きそん》するものだとして、ソウル中央地検が産経新聞前ソウル支局長を在宅起訴《きそ》した出来事を指す）。

あれは、明治憲法下の天皇の不敬罪のまねをしとるんだろう？　明治天皇のような、国家元首のまねをしてるつもり。「そんな偉《えら》いもんか」というところだなあ。神格なんか、ないじゃないか。うん？　日本のまねしてて、日本のこき下ろしをしている。

習近平《しゅうきんぺい》なんかでも、みんな日本のまねだよ！　戦前の日本のまねしてるだけなんだよ。なあ？

島嶼《とうしょ》問題にアメリカが使命を果たせるよう、日本は手伝うべき

綾織　せっかく、日本海軍の最高の頭脳と人格を備えた方に来てもらっていますので、少しお訊《き》きできればと思います。

今、日本は、アメリカと同盟関係にありますので、南シナ海の問題や、尖閣《せんかく》・東シナ海の問題については、アメリカと一緒に対処していくことになるわけですけれども、日本としては、この南シナ海の問題も含《ふく》めて、「どのように対処していけば護《まも》れる」とお考えですか。

山本五十六　「中国の乱暴狼藉《らんぼうろうぜき》」というのは、もう報道されてるより百倍ぐらいあるんだよ。ほとんど報道されていない。一部が出ているだけであってね。

今、近隣の国たちは、もう非常に迷惑《めいわく》しているわけで、日本がそんな卑下《ひげ》して、謝《あやま》ってばっかりいるなんて、彼らから見たら信じられない光景なんだよ。

特に、大東亜《だいとうあ》戦争における日本軍の強さを知ってる人たちから見たら、ちょっと信じられない、〝へっぴり腰《ごし》〟に見えとるわな。

例えば、インドネシアあたりで、中国の漁船を爆破してみせたりするような挑発《ちょうはつ》行為《こうい》を堂々とやってる（注。インドネシアは五月二十日、領海内で不法操業をしていた中国漁船を拿捕《だほ》して海上で爆破した。インドネシア政府はこれまでにも、外国籍《せき》の違法《いほう》漁船を爆破してきたが、中国漁船の爆破は今回が初めてとみられる）。あのインドネシア程度の国でも、このぐらいのことをやってるわけですから。日本が解放してやってんだよ。あんなの、もうほんの、〝ちょちょいのちょい〟で解放している国ですからね。

フィリピンだって、そうは言ったって、「マッカーサーがもう、あっという間に一回蹴散《けち》らされた」のを知ってるからね。日本軍の強さは、よく知っとるから。だから、（中国は）最終は、他人《ひと》が領有権を争ってるところに、突如《とつじょ》、軍事基地までつくってやろうとして、堂々と言ってるんでしょう？

どうせ、あれは口だけで言うんだろうから、「もし本気でアメリカさんがやるんなら、核《かく》兵器の撃《う》ち合いになりますけど、いいですか」ぐらい、言う気でおるんだろうと思うんだよ。「今の（アメリカの）大統領が腰抜《ぬ》けだったら、それはできん」と思って、そのぐらいのつもりでいるんだろう？　そう見てるんだ。

そういう意味では、安倍《あべ》さんが、やや挑発的かもしれんけれども、日米共同で動けるような動きをして、ＡＳＥＡＮ《アセアン》（東南アジア諸国連合）の諸国なんかのほうにも根回しをしているということは、ある意味では、オバマさんに説教しているわけだ。「アメリカは、アメリカの使命をちゃんと果たせよ。日本も手伝うから」ということを言っているわけで、その方向でやらないといかんでしょうな。

やっぱり、日米が中心になって、二十一世紀は動かさなければいけないし、それが世界の幸福につながる考えだよな。

綾織　そうですね。

酒井　はい。ありがとうございます。

5 山本五十六大将はどのような「神」か

過去世《かこぜ》は日本の「武士《もののふ》精神」と関係のある神代《かみよ》の神様の一人

酒井　では、最後の質問になりますが、山本長官には、前回、転生《てんしょう》のことについてお伺《うかが》いできなかったので、ここを少しばかりでも明かしていただければと思うのですけれども……。

山本五十六　うん？

酒井　山本長官の前世《ぜんせ》について……。

山本五十六　前世？

酒井　はい。何か、日本人に対するメッセージになるような……。

山本五十六　うーん……。

酒井　前回のお話を覆《くつがえ》すような転生を、何か教えていただければ幸いです。

山本五十六　うーん……。何か天皇制よりも、もっと前からいたようには思うな。

酒井　ああ、そうですか。

山本五十六　だから、「神代《かみよ》の時代」じゃないかな。

斎藤　「建国《けんこく》」のときですか。

山本五十六　うーん。

酒井　では、『古事記《こじき》』のなかに出てきますか。

山本五十六　うん、出てるかもしらんな。「神代《かみよ》」の代《だい》のほうだなあ。

酒井　何という神様なんでしょうか。

山本五十六　うーん、神代の神様の一人だと思うな。

斎藤　軍神ですか。

山本五十六　軍神というわけではないような気が……。

酒井　どのようなお役割で？

山本五十六　うーん……。伊邪那岐《いざなぎ》・伊邪那美《いざなみ》より前のような人だと思うんだがなあ。

斎藤　ほう。

山本五十六　神代の代の……。

酒井　どういう役割を担《にな》われたんでしょうか。

山本五十六　だから、うーん……。魂《たましい》のきょうだいとしては、言いすぎてはいかんとは思うが、「須佐之男《すさのお》の流れは引いている」と言ってもいいんじゃないかな。

酒井　うん？「魂のきょうだい」ですか？

山本五十六　だから、そういう言い方は、私にはよく分からんけれどもね。そういう言い方はよく分からんのだけれども、われらがつかんでる考え方には、ちょっと違うものがあるので。「流れ、霊流《れいりゅう》としてつながりがどうあるか」というあれだけれども……。

軍神の始まりは須佐之男だと思うんだなあ、どちらかといえばな。だけど、軍神だけれども、軍神だけではないからね、彼は。軍神だけではないので。ただ、日本のなかの「武士《もののふ》精神」とは関係があると思う。

「蘇我《そが》」の一族として生まれていた

綾織　もし、そうだとするなら、その「神代時代」と「山本長官」との間《あいだ》の転生のご経験で、明かしていただけるものがあればお教えください。

山本五十六　うん？　「間」はあることはあるが、間を言うと〝小粒《こつぶ》〟に見えるといかんから、言いにくいだろうが（苦笑）。

綾織　（笑）今、何か、おっしゃっていただけるものが、もしあれば、お教えください。

山本五十六　うーん……。まあ、間か……（舌打ち）。それを言うと、また何か、いろいろとケチがつく可能性がちょっとはあるかもしらんな。ただ、記憶《きおく》としてあるのは、そうさなあ……。まあ、「蘇我《そが》」の名前が付いてたような気はするな。「蘇我」の一族のなかにいたような気がするなあ。

酒井　（蘇我）馬子《うまこ》とかではないですよね。

山本五十六　うーん……。

酒井　（蘇我）蝦夷《えみし》とか……。

山本五十六　蘇我氏は、けっこう歴史はあるからな。

蘇我稲目（506頃～570）古代の中央豪族。蘇我馬子の父。娘を天皇に嫁がせ、用明・崇峻・推古天皇の外祖父となった。（写真：稲目の墓とされる奈良県明日香村の都塚古墳）

酒井　あっ、もっと前ですか。馬子の前ですか。

山本五十六　ああ。蘇我の……、「蘇我稲目《そがのいなめ》」とかなんか、そんな名前があったかな……。

酒井　蘇我稲目ですね。

山本五十六　うん、何か、そんなのがいたような気がするがな。蘇我氏にいたような気はする。

酒井　なるほど。

日本の「近世」や「南北朝時代」にも存在していた!?

山本五十六　もちろん、それ以降も、いないわけではない。けれども、歴史が細《こま》かくなってくるんでな。言うと、近代に近づくにつれて、いろいろと歴史考証がはっきりしてくるために、人物像が見えてくるので、やや問題が出てくることもあるかもしらんが。

あえて、それでも言うとしたら、うーん（舌打ち）。そうだ。君らとも関係があると言やあ、あるな。関係はあるかもしれない。まあ、何らかの関係はあるとは思うんだけれども、日本の近代……、近世《きんせい》かな。近世をつくった者のなかにも存在するかもしれないな。

酒井　近世をつくった……。戦国、江戸《えど》？

山本五十六　うーん。より前かな。

酒井　室町《むろまち》ですか。

山本五十六　うーん……。そのあたりになると小粒に見られるのが嫌《いや》だから、あんまり……。

酒井　（笑）将軍とかですか。

山本五十六　ええ？　将軍、ああ、将軍ねえ……。

斎藤　●南北朝《なんぼくちょう》時代とかですか。

●南北朝時代　吉野の南朝と、足利氏によって擁立された北朝が対立した57年間のこと。後醍醐天皇が吉野に移ってから（1336）、後亀山天皇が京都に戻るまで（1392）を指す。

山本五十六　そのあたりは、ちょっと、何か懐《なつ》かしい感じがするな。

斎藤　そうですか。南北朝ですね。

酒井　そのあたりですね。南朝、北朝のどちらだったんですか。

山本五十六　細かいなあ……（苦笑）。だから、「勝ったほうを言うか、負けたほうを言うか」というのは……。それは、判断に……。

酒井　いや、南朝なら南朝で結構ですけれども……。

山本五十六　判断に困るものがあるだろう？

酒井　はい。

山本五十六　判断に困るものがあるからさ。

斎藤「朝廷《ちょうてい》を開いた」というような感じで？

酒井　ええ。では、このあたりで……。

山本五十六　ああ、いちおうな、〝旗揚《はたあ》げ〟した。

酒井　ええ。神道《しんとう》系の神ということで。

噴火《ふんか》の真意は原発を止めることではない

斎藤　でも、以前、出られたときの、印象、波動《はどう》、雰囲気《ふんいき》、しゃべり方、その速度とほぼ一緒ですね（前掲『マッカーサー　戦後65年目の証言』参照）。

山本五十六　ほう……。

酒井　そうですか。

斎藤　ええ。「ぼやっ」としているというか（苦笑）、いや、「ゆったり」とされたかたちで……。

酒井　（苦笑）それは失礼でしょう。

斎藤　はい。すみませんでした。

山本五十六　いやあ、君ほど、ノラクラはしていないよ（会場笑）。

斎藤　いや、反作用が来るなと思ったんですけれども（苦笑）。もう「ゆったりとされている」ということで。はい！

酒井　では、次の案件もありますので……。

斎藤　ええ、そうですね。

酒井　（山本長官に）本日は、本当にありがとうございます。

山本五十六　これでいいのか？

だからねえ、「鹿児島《かごしま》の川内《せんだい》原発を止《と》めるために噴火《ふんか》したんではない。『有事対応をせよ』という狼煙だ」と、「真意はそこにあるんだ」と、理解していただきたい。

斎藤　はい！　有事対応への目覚めですね。

山本五十六　その代わり、被害は出していないからね。

斎藤・酒井　はい。ありがとうございました。

山本五十六　はい。

「意外な人物」だった口永良部島噴火《くちのえらぶじまふんか》の原因

大川隆法　（手を三回叩《たた》く）ということでした。

うーん。ちょっと〝あれ〟ですね。（山本五十六は）以前に収録した当会の霊言で、すごく格が落ちたと思って、今、少し巻き返しに入っているようです。

斎藤　かなり、禁断の、タブーのような感じで、眠《ねむ》られて……。

大川隆法　渡部昇一《わたなべしょういち》さんの本にまで、「山本五十六は偉い人だと思っていたけれども、最近では、『もしかすると、そんなに偉くないのではないか』と思うようになった」というようなことが書いてあったと思います。それは、当会の霊言を読んだからではないかと思われますが……。

酒井　そうですね。

大川隆法　（山本五十六は）新潟《にいがた》県長岡《ながおか》市出身の英雄だったのですが、渡部昇一さんは、「もしかしたら、彼は凡庸《ぼんよう》な司令官だったのではないか」と思い始めているようなので、「ちょっと巻き返しが要《い》る」というところでしょう。

彼は、「目覚めたのだ」と言っていました。まあ、言い訳もあるかもしれませんが、とりあえず、この人が、口永良部島《くちのえらぶじま》の噴火《ふんか》にかかわる中心人物です。

斎藤　はい。

大川隆法　確かに、今回は警告だけでしたね。

酒井・斎藤　はい。

大川隆法　噴火はしたけれども、被害が出ているわけではないので。

斎藤　ええ。死者は出ておりません。「犠牲《ぎせい》者なし」です。

大川隆法　ただ、何かの狼煙《のろし》が上がったような感じに見えました。

酒井　「狼煙が上がった」ということですね。

大川隆法　戦艦大和《せんかんやまと》が沈《しず》んだ近くでしたね。

斎藤　はい。ありがとうございました。

第2章

小《お》笠《がさ》原《わら》沖《おき》地《じ》震《しん》の霊《れい》的《てき》背景を探《さぐ》る

二〇一五年六月二日　収録

東京都・幸福の科学総合本部にて

質問者　※質問順

斎藤哲秀《さいとうてっしゅう》（幸福の科学編集系統括《とうかつ》担当専務理事　兼《けん》　ＨＳＵ未来創造学部
芸能・クリエーターコースソフト開発担当顧問《こもん》）

酒井太守《さかいたいしゅ》（幸福の科学宗務《しゅうむ》本部担当理事長特別補佐《ほさ》）

綾織次郎《あやおりじろう》（幸福の科学上級理事　兼「ザ・リバティ」編集長　兼　ＨＳＵ講師）

［役職は収録時点のもの］

1 観測初の「異常震域《しんいき》地震」を起こした霊《れい》存在を招霊《しょうれい》する

大川隆法　よし。では、次は……。

斎藤　小笠原《おがさわら》諸島西方沖《おき》を震源地《しんげんち》とする、最大震度5強、マグニチュード8・1の地震を起こした根本《こんぽん》となる方を調査できればと思います。

大川隆法　これは、ごく最近ですね。五月三十日でしたでしょうか。三日ぐらい前ですね。

斎藤　はい。

大川隆法　確かに、大きく揺《ゆ》れました。激しく揺れたのですが、小笠原諸島については新島《しんとう》もあるので、地下では活発化しているのかもしれません。ここも、硫黄島《いおうとう》に近いところなので、少し気にはなったところです。

（合掌《がっしょう》し）では、小笠原諸島沖で発生したマグニチュード8・1の地震につきまして、霊査《れいさ》を行いたいと思います。

（手を二回叩《たた》く）マグニチュード8・1の地震について、霊査を行いたいと思います。

この地震は、なにゆえに起き、首都圏《しゅとけん》に影響《えいきょう》を及《およ》ぼし、日本全土を揺るがすことになったのでしょうか。その霊的な意味合いがあれば、お教え願いたいと思います

（手を二回叩く）。

（約十秒間の沈黙《ちんもく》）

小笠原沖地震にかかわった神霊（以下、神霊）　うーん……。

（約五秒間の沈黙）

「日本全土への警告」として起こした小笠原《おがさわら》諸島西方沖地震《おきじしん》

神霊　うん（深くうなずく）。

酒井　小笠原《おがさわら》の地震《じしん》とご関係のある方でいらっしゃいますか。

神霊　そうです。

酒井　今回のこの地震は、記録上、世界最深、いちばん深いところで起きた、マグニチュード8・1という巨大《きょだい》な地震でした。これが、もう少し浅瀬《あさせ》で起きていれば、そうとうな津波《つなみ》の被害《ひがい》などが起きたはずなのですが、この大きな地震が最深部で起き、日本全体が揺れたことについて、どういう意味がおありなのでしょうか。

神霊　まあ、「日本全体に責任を持つ者」ということです。

酒井　あっ……、あなた様が、ということですね。

神霊　そうです。

酒井　今回、日本全体を揺るがした地震では、何をメッセージとされたかったのでしょうか。

神霊　うーん……。これは、もう何度も繰《く》り返し言っていることではあるのだけれども、二〇〇九年に幸福実現党を立ち上げて以降、六年間、あなたがたが日本の危機を訴《うった》え続けて、正論を説き続けて、国の立て直しをやってきたにもかかわらず、この国の国民《くにたみ》は目覚めてもおらず、また、マスコミ等が、陰湿《いんしつ》にそれを取り扱《あつか》わず、つまらぬ既成《きせい》政党に利用されていることに対して、私の深い深い思いがある。

そして、深いところで地震を起こすことで、被害は最小に抑《おさ》えつつも、警告として、「いざとなれば、こういうことは日本の下でも起こせないわけではないんだ」ということを日本全土に言っているわけで、「そろそろ我慢《がまん》の限界が来ている」と言っているのです。

酒井　「限界が来ている」と。

神霊　うん。

酒井　先ほどお出《い》でいただいた山本《やまもと》長官が、口永良部島《くちのえらぶじま》で噴火《ふんか》をさせたとおっしゃっていましたが、ちょうどその翌日に、この地震が起きました。こうしたことが連日起きているわけですけれども、口永良部島の噴火と、この地震は、何かご関係はありますでしょうか。

神霊　うーん……。いや、「そろそろ神罰《しんばつ》が近づいているよ」と。

酒井　はい。

神霊　あの東日本大《おお》地震も、神罰は神罰なんだけどね。菅《かん》政権や民主党政権への警告として起こしましたが、今の安倍《あべ》政権下においても、一部は、よい方向も向いてはおるけれども、国のあり方、この国の価値観、あるいは、幸福の科学や幸福実現党の受け入れ方に関して、非常に不快な思いを持っているということだね。

酒井　今、二〇〇九年に幸福実現党を立ち上げて以来の問題についておっしゃいましたけれども、幸福実現党とご関係があられるのでしょうか。あるいは、指導されている方なのでしょうか。

神霊　いや、私は、「日本の国そのもの」に関係があります。

酒井　そのものですか。

「神の言葉」を言論・出版の自由の範囲《はんい》内で考えてはならない

斎藤　今回は、震度１以上の地震が、沖縄《おきなわ》から北海道まで全都道府県に計測されたという、極《きわ》めて珍《めずら》しい広域の地震ではありました。

神霊　被害は少なかったとは思うけれども、これは、「その気になれば、日本の都市などを『ネパール化』することは簡単だ」ということをお見せしたんですよ。

酒井　そうですね。マグニチュードはネパールより大きかったですし、マグニチュード8・1が、当初は「8・5」とまで報道されていましたから、そうとうのエネルギーであったことは事実であります。

神霊　東京直下《ちょっか》で起こしたら、どうなりますかね。

酒井　はい。これは、もう、そうとうな被害を受けたであろうと……。

神霊　そうでしょうねえ。

酒井　はい。

神霊　だから、「そこまで怒《おこ》らせないでほしいな」とは思ってはおりますがね。

酒井　なぜ、このタイミングで、そこまでお怒《いか》りになっているのでしょうか。

神霊　「神の言葉」というのは重いんですよ。

酒井　はい。

神霊　だから、それを、単なる「言論・出版の自由」の範囲《はんい》内で考えないでいただきたいんです。

酒井　はい。

神霊　人間が書いた、いろんな書き物や出版物と同列にして、そのなかの一つと思わないでいただきたいんです。「神の言葉」っていうのは、全然違《ちが》う次元のものであるので、「畏《おそ》れなければいけない」ということを、もっと知らなければいけないね。

だから、いったん、東日本で〝膿出《うみだ》し〟をしたけど、そろそろ、もう一回来そうな感じかなあ。

東日本大《だい》震災の意味が分かっていない方向に国論が動いてきていて、そちらのほうに増殖《ぞうしょく》してきてるね。やっぱり、これに対して、今、激しい怒りが溜《た》まってきつつあるということね。深いところから溜まってる。こういうことを、今、ちょっと警告してるんですけれども。

今という時代が分かっていない日本には〝外科治療《げかちりょう》〟が必要

綾織　安倍政権、あるいは国民として、どう行動すべきなのでしょうか。

神霊　まあ……。（約五秒間の沈黙）すっきりしないですね。とにかくすっきりしない。

今という時代が分かっていない。何が起きているのかが分かっていない。だから、「たかが人間風情《ふぜい》が、人間の持っている基本的人権のレベル内で、『神の言葉』を扱おうとしている」ということに対する不快感は、とても大きいものがありますね。やっぱり、「もっと神棚《かみだな》に戴《いただ》いて読め」と言いたい。

酒井　それは、「当会の書籍群《しょせきぐん》すべてに関して」ということですね。

神霊　まあ、あなたがたの働きも頑張《がんば》ってはいるが、日本の現状の戦後七十年の蓄積《ちくせき》、教育や政治、マスコミ等の、いろんなものの蓄積のなかでは、残念ながら、「水」と「油」だなあ。池のなかに落とされた油のように、固まって浮《う》いているようにしか見えないね。

だから、どこかで根本的な〝外科治療《げかちりょう》〟が必要とされていると思うなあ。（日本人は）今、起きていることの大きさが分かっていない。

「震源地《しんげんち》を決める力」や「噴火《ふんか》を操《あやつ》る力」を持っている神霊《しんれい》

酒井　今回の地震《じしん》に関しては、震度こそ大きかったわりには、それほど被害も、さほどではなかったわけですけれども、もし、このまま、この警告に気づかず、「大したことでもない」ということで、また、国民の間で普段《ふだん》のような日常が続いていった場合、次は、どのようなことが、どれくらいの時期にやってくるのでしょうか。

神霊　震源地をどこにしてほしいかね?

斎藤　神様の世界のなかでは、「震源地を決める力」というのがあるのですか。

神霊　決められます。

斎藤　「そういう計画を立てて、いろいろな天変地異を司《つかさど》っていける」ということですね。

神霊　アメとムチは、昔から両方使いますよ。

酒井　つい先日も、関東地方で地震があったばかりでした(注。二〇一五年五月二十五日、震源地を埼玉《さいたま》県北部として、最大震度5弱の地震が起きた)。

神霊　うん。だから、これは「警告」しているんです。

酒井　はい。

神霊　あとは箱根《はこね》もあるけどね。箱根以外で、みんなが最も恐《おそ》れているのは、富士《ふじ》山《さん》でしょう?

酒井　はい。

神霊　最後は、私が〝噴火《ふんか》〟したら、富士山までいきますから。

斎藤　え?　「富士山の噴火を司ることができる」ということですか。

神霊　自由自在です。

斎藤　自由自在ですか。

神霊　うん。

斎藤　では、逆に、富士山の噴火を止《と》めているのも、あなた様でいらっしゃるということですね。

神霊　まあね。

斎藤　そうですか……。

神霊　信じていないだろう！

斎藤　いやいやいやいや、いや、一瞬《いっしゅん》、〝迷い〟があったので……、すみません（苦笑）。

神霊　今、「破門《はもん》」という言葉が浮かんだぞ。

斎藤　いやいや（苦笑）。いや、もう何度も、いろいろな方に御指導を受けて……。分かりました。すみません。信じます！

不浄感《ふじょうかん》のある国・日本の首都圏《しゅとけん》に危機感を持たせているところ

綾織　そうしますと、箱根で火山性の地震がありましたが……。

神霊　いや、箱根も、ちょっと考えている。

斎藤　なるほど。

神霊　だから、（手元の資料を指し）「（箱根では）地震は起きないと思っている意見が強い」って書いているが、そんなことないよ。いつでも起こせるよ。

酒井　では、あなた様のお考えで、箱根も動いているということですか。

神霊　今、首都圏《しゅとけん》に危機感を持たせているわけで。東日本（大震災）は、ちょっと（首都圏から）遠かったからね。

酒井　はい。

神霊　岩手《いわて》沖だからね。宮城《みやぎ》沖かな？　まあ、あちらだから、ちょっと遠いと思ってたんだろうけど、首都圏に危機感を持たせているわけだ。

やっぱり、まだ、日本のなかに「不浄《ふじょう》なるもの」がある。野党にもあるが、与党《よとう》にもある。この不浄感……。

「純粋《じゅんすい》な信仰《しんこう》が通らない国」というのは、やはり、問題があるなあ。

斎藤　やはり、「信仰心のあり方」に問題があって、こういう警告を出し続けていらっしゃるということですね。

神霊　うん。いやあ、「神々の声」は、だいぶ出てはおるのだがな。

だけど、日本のうち、それの影響を受けてるものの比率が、やっぱり、少なすぎるわね。

酒井　「今、出ている神の声」ということですね。

斎藤　霊言とかですね。

神霊　うん。だから、いわゆる、言論・出版の範囲内で物事を考えて、〝雑本《ざっぽん》〟と一緒《いっしょ》に扱われておるのであろう。下水道《げすいどう》のなかを錦鯉《にしきごい》が泳いでいるような状況《じょうきょう》だね。

神々は日本を放置するのは「危《あや》うい」と見ている

酒井　以前、日本神道《しんとう》系の権威《けんい》ある神々から、「日本自体をどのようにすることも自由なんだ。〝水攻《みずぜ》め〟で来たら、次は〝火攻め〟でも来るんだ。どこに逃《に》げても、逃げる場所はないぞ」という警告を頂いたことがございます。
このように、「日本は水で攻められたあと、次は火攻めが来る」と言われてもいますが、このあたりと、この火山の動きにはどのような関係があるのでしょうか。

神霊　「火攻め」は、もう始まってるでしょう。

酒井　はい。

神霊　始まってるでしょう？　そのとおりでしょう？

酒井　日本国民が警告を聞かなかったら、最悪の場合、この火山によって、どのような影響が首都圏に及ぶということなのでしょうか。

神霊　うーん、だからね、今、放置すると、この国は危《あや》ういんだよ。分かりますか。

酒井　はい。

神霊　危ういんですよ。危ういから、ちゃんと舵取《かじと》りをしなくちゃいけないんですよ。もっと素直《すなお》な心になって、私どもの言うことを聞けば、やるべきことははっきりしておるのに、それに異論、議論を差し挟《はさ》んでは、物事を遅《おく》らせていく。それから、正反対のことをいっぱい言って、かき回す。こういうものに対して、非常に「不快感」を持っているわけです。

その「不快感」が、やっぱり、そういう群発地震等になって現れているんだということです。

あるいは、富士山だって、今、水蒸気はいっぱい噴出してますからね。そのことについて、マスコミは、あんまり大きくは扱ってないけども、自衛隊は、今、へばりついて観測してるはずですから。富士山も、今、いろんなところで、水蒸気やガスがいっぱい噴《ふ》いてますからね。警戒《けいかい》に入ってるんですよ。だから、箱根だけじゃない。それから、もちろん、そのなかには浅間山《あさまやま》も入っていますしね。

酒井　浅間山ですか。

神霊　うん。いや、今は、どこでも使えるようになっているんですよ。

2　神々は現代の日本人に何を迫《せま》っているのか

「箱根《はこね》の火山性地震《じしん》」と「ネパール地震」に関係性はあるのか

斎藤　科学の目から見ますと、「火山と地震《じしん》の関連性は薄《うす》い」というような説があり、それぞれが独立していて、ほとんど影響《えいきょう》がないようなことも言われていますけれども、「火山と地震というものは、目に見えない神々の世界のなかでは連動している」ということでよろしいのですか。

神霊　うん、してますね。少なくとも、環《かん》太平洋圏《けん》に関しては、全部連動していると思っていいと思います。ですから、アルゼンチンだ、チリだ、ブラジルだ、ペルーだといったところで起きたようなことでも、日本や、インドや、ネパールや、中国など、このへんにまで影響します。

綾織　地震発生日で見ますと、箱根《はこね》の火山性地震が起きたあたりと、ネパールの地震が起きたあたりというのは、非常に重なっているのですが、ネパール地震の意味というのは、やはり、何か日本ともつながったものがあるのでしょうか。

神霊　いや、うーん……。ネパールの〝明治維新《いしん》〟が必要なんですよ。ネパール自身が、もう一段、国体を変えなければいけない時期が来ておるんですよ。

それで、幸福の科学の支部精舎《しょうじゃ》も建って、新しい教えが入ってきているので、この、古いネパール仏教を観光資源にして食べていくだけの国、あとは農業しかない国をいじめたいわけではないんだけれども、今、新しい時代が来ていることを知ってもらわなきゃいけないんですよ。日本的な文化的価値観を、もっと導入して、建国を進め、中国の進出を阻《はば》まなければならないんですよ。

日本では「大日孁貴《おおひるめのむち》」と呼ばれている存在に当たる

酒井　ネパールまでも影響力があり、日本全体に影響を及《およ》ぼされている神様で……。

神霊　（影響力は）ありますよ。インドあたりまでありますよ。

酒井　インドにも影響を及ぼせる神様ということは、やはり、この日本においても、最高の霊界《れいかい》にいらっしゃる方と考えてよろしいのでしょうか。

神霊　そんなことを思われるだけでも穢《けが》らわしい。

酒井　え？　人間的な属性ではないということですか。

神霊　うん？　まあ、穢らわしい。そういうことを思われるだけでも。

酒井　では、日本最高の神であるということですね。

神霊　うーん……。いや、そういうことを思われるだけでも不愉快《ふゆかい》だ！　不愉快だ。

酒井　はい、申し訳ございません。

神霊　不愉快……。

斎藤　「神道《しんとう》系」と受け止めてよろしいのでしょうか。

神霊　まあ、日本人が見ればね。

斎藤　あっ、日本人から見たときには、「神道系」として位置づけられるところに……。

神霊　日本人以外の人が見れば、違《ちが》うかもしれない。

斎藤　また、違って見えると。

神霊　うん。

斎藤　ただ、本質は「光の発信《はっしん》そのもの」であるということですね。

神霊　うん。まあ、日本ではね。

斎藤　「日本では、光の発信そのものの存在《そんざい》」なのですね。

神霊　まあ、「大日孁貴《おおひるめのむち》」と呼ばれているけれども。

斎藤　「大日孁貴」と呼ばれている方であると。

綾織　もともと、アジア全体に責任を持たれているという感じでしょうか。

大日孁貴神　もともと私《わたくし》のものですから、何を他国がいろいろ言うのかが分からない。もともと、アジア全体……、アジアじゃなくて、もっと広い。太平

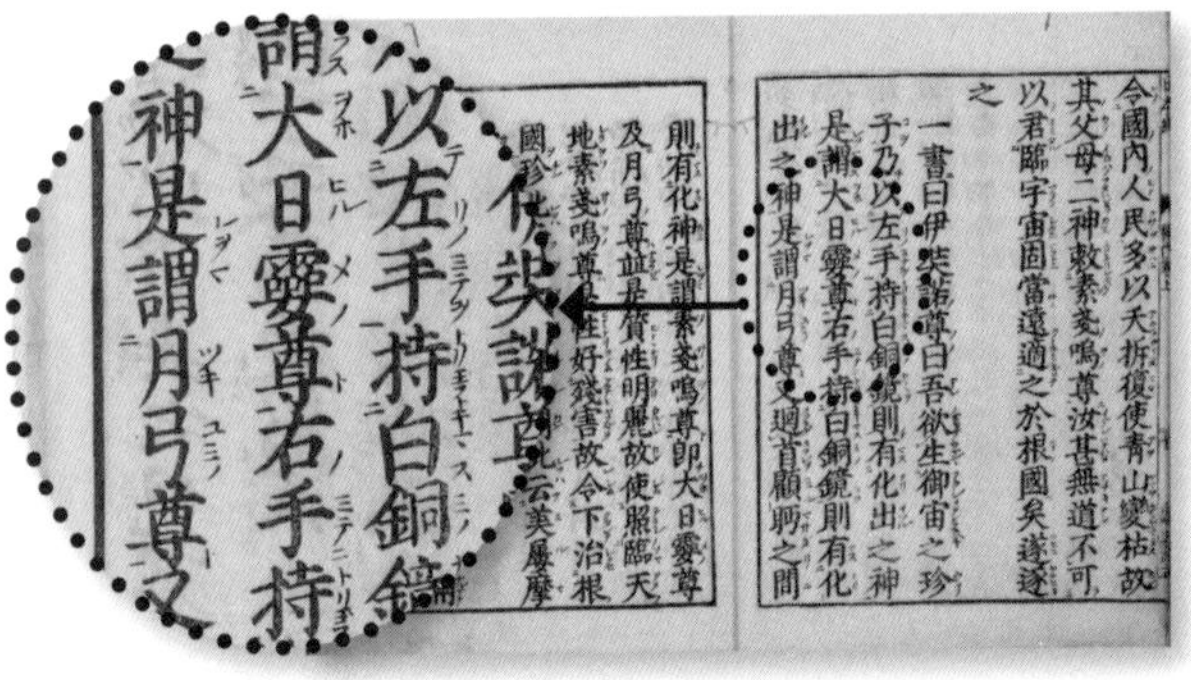

『日本書紀』神代上に「大日孁貴」の御名が記されている。

洋圏は、私の〝前庭《まえにわ》〟ですから。

酒井　そうしますと、魂《たましい》のご兄弟にいらっしゃる方は、やはり、日本最高の神として……。

大日孁貴神　いや、あなたがたは、もう、人間としての考え方で来るから。

酒井　はい、申し訳ございません。

大日孁貴神　「そういうものじゃないんだ」って言ってるんだけどね。

酒井　はい、分かりました。

大日孁貴神　うーん……。

日本に「根本的なイノベーション」が起きるときとは

酒井　ただ、今は、日本人に対して、この日本の国土全体を揺《ゆ》るがすぐらいのメッセージを送られて……。

大日孁貴神　だから、この国の国論やあり方そのものが、うやむやに物事をして、惰性《だせい》で、「一部でも改正できればいい」みたいな感じの方向に動き、また、左翼《さよく》に逆戻《ぎゃくもど》りするような動きが出るようでしたら、この国自体に、「根本的なイノベーション」が起きるようなことがあるかもしれないと言っている。

酒井　そうですね。前民主党の政権のときも、そのようなご警告を発されていました。

大日孁貴神　しましたよ。今もあるよ。今の与党《よとう》にも感じるよ。

酒井　今の与党にもあるのですね。

大日孁貴神　同じようなものが、少しずつ溜《た》まってきている。

「皇祖皇宗《こうそこうそう》の神々を信じずにして、何を信じているのか」

綾織　いちばん大事なものとしては、「憲法の改正、特に、九条の改正がはっきりできるかどうか」というところが、一つの焦点《しょうてん》になりますか。

大日孁貴神　六十八年前だか七十年前だか知らないが、そんなときにGHQがつくった憲法の、いったい何を信じているのか。皇祖皇宗《こうそこうそう》の神々を信じずにして、いったい何を信じているのか。

酒井　ええ、そうですね。

大日孁貴神　これは、「日本人じゃなくなろうとしている」と思わざるをえないですね。

酒井　そうですね。人間がつくったもののほうが上に来ているという……。

大日孁貴神　そうですよ。人間がつくって、〝最高法規〟としたら、最高法規になる。ね？

酒井　はい。

大日孁貴神　それで、「それより下のものは、法律とかその他だ」と言ってるけど、「それよりもっと大事なものがあるでしょう」と言ってるんですよ。

酒井　そうですね。「神の言葉」のほうを裁《さば》いているのが、今の憲法だとは思います。

大日孁貴神　そうです。それを縛《しば》ってるんでしょう。

酒井　はい。

大日孁貴神　「神を縛ることが立憲主義だ」とか、「法治《ほうち》国家だ」とか言ってるんでしょう。まあ、許せないね。

酒井　やはり、この国体を根本的に変えないといけないわけですね。

大日孁貴神　うん。だから、私は、法律で（神を）縛れないような国家にしますよ。

「神仏を軽《かろ》んじる勢力は、津波《つなみ》で全部洗ってしまいたい」

酒井　そこに至るまでには、まだ時間がかかるとは思うのですが、その間、人間に対して、どのようなメッセージを送られていくのでしょうか。こうした自然現象などというものもありますが……。

大日孁貴神　安倍《あべ》政権には、われわれが希望している動きも一部あるから、壊滅《かいめつ》的な被害《ひがい》が出ない程度、規模は大きいけど被害が少ない程度の警告を、今、送ってはいるんだけど……。

だから、われわれが送っているものが、戦後体制を変えることに反対する勢力を利するためのものではないということを、先ほどの山本《やまもと》長官も言っていたようだけれども、（私もそうだと）言っておきたいね。

だいたい、神仏を軽《かろ》んじる勢力が、この日本列島に跋扈《ばっこ》してるっていうことは、穢《けが》らわしいことですよ。本当に、津波《つなみ》で全部洗ってしまいたいくらいの気分はありますね。

酒井　なるほど。それは、政治家もそうですが、今の言論界はいかがでしょうか。マスコミとか。

大日孁貴神　もう汚《きたな》い、汚い。

酒井　汚い？

大日孁貴神　うん、泥水《どろみず》だ。

酒井　マスコミは必要なのでしょうか？

大日孁貴神　これは、もう……、洗濯《せんたく》したいですね。洗濯したい。うん、汚い。

酒井　特に、どういう信条が……。

大日孁貴神　要するに、「中心がない」のよ。中核《ちゅうかく》になるものがなくて、「とにかく、その他大勢の井戸端《いどばた》会議でワアワア言えば、それでいい」みたいな、「それが最高のレベルだ」というふうな考え方だな。中心がない状態が続いているわなあ。やっぱり、これが許せないところだね。

教育行政における「穢《けが》れ」とは

酒井　政治やマスコミ以外についてはいかがでしょうか。

大日孁貴神　教育。

酒井・斎藤　教育？

大日孁貴神　うん。

酒井　これについても、一言《ひとこと》頂ければと思います。

大日孁貴神　だから、「科学技術」っていうのが発展したのは分かるけれども、科学技術のほうが教育のほう全部にかぶってくれば、神話的要素をすべて取り除いていく方向に動いてくる。そういう「実証主義」「検証主義」になってきて、全部、判断してくるようになる。非常に不愉快。不愉快である。

例えば、「あなたの十五代前の先祖は何をしていたか」なんて、そんなの分からないでしょう?

酒井　そうですね（苦笑）、分かりません。

大日孁貴神　考古学的にそれを証明できるか?　できないでしょう?

酒井　はい、できません。

大日孁貴神　それと一緒《いっしょ》だ。神々の、かつての活動や行動を、科学的になんか証明できないですよ。

そういうものが、教育行政と一体になってやっていて、その一体となっているものが、宗教をも、全部、傘下《さんか》に収めているような気分になっているあたりの穢《けが》れは、去年から続いているけれども、私たちは、何か起こさないといられない感じはしていますね。

酒井　そうですね。これは本当に信条的に納得《なっとく》いかないというか、「ここまで悪がはびこるのか」というふうにも思うのですが、われわれは、どうしていったらよろしいでしょうか。

大日孁貴神　あなたがたの力で何もできなければ、私たちは、そのように分かるようにやりますがね。

3　「富士山噴火《ふじさんふんか》」もまだ、予兆にすぎない

「聖なるもの」より「凡俗《ぼんぞく》なるもの」がはびこっている日本

斎藤　先ほど、「洗濯《せんたく》をしたい」とおっしゃっておられましたが、昨年（二〇一四年）の十一月ぐらいに、阿蘇山《あそさん》が噴火《ふんか》しまして、「阿蘇山噴火リーディング」ということで、大川隆法総裁が、それに関係する霊《れい》を招霊《しょうれい》されました（前掲《ぜんけい》『阿蘇山噴火リーディング』参照）。

そのときには、「地球の運命の神」「地軸《ちじく》の神」だと名乗る方が出ていらっしゃいまして、「いま世界を含《ふく》めた、人類大洗濯計画が始まっている」ということをおっしゃっておられました。

大日孁貴神　うーん。

斎藤　そうした計画と、全日本的なところと世界的なところも含め、「どんな未来が構想されているのか」を聞いて、私たち一人ひとりが心を新たにしたいところですけれども、いかがでしょうか。

大日孁貴神　あなたがたは本当に信者なの？　だから、もう三十年も、「エル・カンターレ、エル・カンターレ」と言って活動しておるのでしょ？　「エル・カンターレへの信仰《しんこう》が立つ」ということはどういうことなわけ？　それを知らなければいけないわね。

それを、巷《ちまた》の神々の一つにされて、同じ扱《あつか》いにされたままで済まそうとして、ね？　それで、すべてのものを同じように扱って、分類して、終わりにしようとしている。これが既成《きせい》権力の仕事だね。それでいいわけ？　いいわけじゃないでしょう。

だから、それに関しては、ほかの諸如来《にょらい》、諸菩薩《ぼさつ》、いろいろな方が意見を言っているけれども、あなたのところに「心の曇《くも》り」があるのか知らないが、本になって出るときには、影響力《えいきょうりょく》がすごく落ちて出版されるわけ。ね？　あるいは、（幸福の科学の）出版社が弱いのかもしれない。

それは知らないけれども、もっと俗悪《ぞくあく》な出版社のほうが大きな力を持っているし、俗悪なメディアが、テレビや新聞で大きな力を持っている。もっと大きな力を持っているものがあるわね。

だから、神様より大きな力を持っているものが……、もっと聖なるものがあるのならともかくも、聖なるものでない凡俗《ぼんぞく》なるもの、凡庸《ぼんよう》なるものが、多数を引きつけるがゆえに、はびこっている。

まあ、非常に穢《けが》らわしい状況《じょうきょう》にあるね。それでは、「噴火」も、「地震《じしん》」も、「津《つ》波《なみ》」も来るでしょうよ。

　でも、何度も言っていることですから。分からないんだ。まだ分からないんだから。

　「文明の終わり」をも考えている神々の心中

酒井　昨年、この地軸の神は、日本人に対して、「富士山《ふじさん》の噴火が決定打《けっていだ》になる」というようなこともおっしゃっていましたけれども、富士山の噴火というのは、最終判断になるのでしょうか。

大日孁貴神　いや、そんなことないですよ。

酒井　そんなことはないのですか。

大日孁貴神　私たちから見れば、富士山は〝ニキビ〟が一つ潰《つぶ》れたぐらいのものですから。

酒井　では、簡単に、近々起こりうる話なのでしょうか。

大日孁貴神　そんな小さなもので（笑）、終わりになるわけがないでしょう。

酒井　小さいのですね。

大日孁貴神　小さいです。

酒井　われわれが想像できないような、もっと大きな……。

大日孁貴神　だから、今、「文明の終わり」を考えいるわけですから、私たちは。

酒井　文明の終わりですね。

斎藤　地軸の大ポールシフト的な変化ということですか。

大日孁貴神　いや、いま「第七文明」が終わるかどうかの瀬戸際《せとぎわ》なので。

綾織　地球全体のことになるわけですね。

大日孁貴神　まあ、全体ですね。大救世主が出ているので、いま第七文明が終わるかどうかの瀬戸際なので。

「神々の力を甘《あま》く見てはいけない」

斎藤　今が「第七文明」ということは、それまでに何度も何度も大きな文明があっては、興亡《こうぼう》が繰《く》り返されて、次はこの文明がどうなるか、ということですか。

大日孁貴神　『太陽の法』（幸福の科学出版刊）を読んだら分かるでしょう？　要するに、「文明というのは、大陸ごと消滅《しょうめつ》したり、出現したりすることがある」と書いているでしょう？

酒井　そうですね。文明の移り変わりといえば、すべてがそうですね。

大日孁貴神　小笠原《おがさわら》（沖《おき》）で地震があった。その前に、

『太陽の法』（幸福の科学出版）

小笠原で新島《しんとう》の出現があった。ねえ？

酒井　新たな大陸の出現が、もう近いということですね？

大日孁貴神　だから、「国の形」が変わるかもしれないということですね。その前には、おそらくは国民の〝洗い直し〟が必要になるでしょうね。

だから、われわれの力を甘《あま》く見てはいけない。

酒井　はい。

大日孁貴神　例えば、「戦後七十年」といったら、とても長いように思うけど、われわれとしては、小休止《しょう》の時間ぐらいにしかすぎないわけであって、必ず、「思いは実現させる」つもりでいるのでね。

斎藤　「神の国をつくり、神の世界を、もう一回、再度つくり直す」というかたちで、われわれは精進《しょうじん》を重ねていく所存《しょぞん》ですが……。

大日孁貴神　いや、あなたがたの力が、弱すぎて弱すぎて、もう神々は、みな〝昼《ひる》寝《ね》〟に飽《あ》きてしまって、どうしようもない状況だわ。

「ムー文明の復活構想」が出ている？

酒井　少し話を戻《もど》しますと、結局、「ムー」という大陸が、伊豆《いず》から南のほうの、インドネシア辺りまであったわけですが、それがまた近々出現するということですか。

大日孁貴神　いや、もともと一つの国ですから。

酒井　はい。

大日孁貴神　ええ。もともと一つの国なんで。一つの文明なんだ。それが分かれて、いま（他の）国に分かれているだけですから。

酒井　この大きな文明の大陸の浮上《ふじょう》と、新たな文明である「第八の文明」が出現することとは、イコールになってくるわけでしょうか。

大日孁貴神　まあ、そこは大きな秘密だから、あなたごときに、軽々《かるがる》しく教えるわけにはいかないけれども。

酒井　ああ、申し訳ございません（苦笑）。

大日孁貴神　少なくとも、救世主が出ているということは、その仕事を全《まっと》うさせるべく努力しなければならない。その後、何が起きるかは、歴史が証明することであるから分からないけれども、「このままでは済まない」ということを言っておきたいね。

酒井　われわれの日本全体が心を入れ替《か》えても、このままでは済まないくらいの状況ですか。

大日孁貴神　そんな小さなものではないんだ

今から一万数千年前、太平洋上にあったとされる幻の大陸。ここに文明が発達し、ムー帝国を築いていた（左上：想像図）という伝説が遺っている。（『竜宮界の秘密』〔幸福の科学出版〕参照）

ということですね。

酒井　ああ……。

斎藤　一昨年、フィリピンの巨大台風《きょだいたいふう》がございました。それにかかわる神霊《しんれい》として、「ハイエン」と名乗る神霊が現れ、「われらはムー文明の復活構想を願っているのだ」というようなことも、コメントで残されました（前掲『フィリピン巨大台風の霊的真相を探《さぐ》る』参照）。

大日孁貴神　うーん。

斎藤　そうした霊存在とも、配下《はいか》の方として、関連を持っていらっしゃるということですか。

大日孁貴神　まあ、いろいろなところとはつながっているよ。

だから、それは、第一義的には、太平洋圏《けん》が前庭《まえにわ》ではあるけれども、第二義的には、もっと広く、南北アメリカからユーラシア大陸、ヨーロッパ、アフリカまで関係あるので。もとをたどれば、「地球系の主流霊団《れいだん》の神々の意志」ということになりますね。

4　天変地異を避《さ》けるにはどうすればよいのか

その名を呼んではならない、「天御祖神《あめのみおやがみ》」とは

綾織　日本神道《しんとう》の秘密の一つになると思うのですけれども、根本神《こんぽんしん》として、「天御《あめのみ》祖神《おやがみ》」という方がいらっしゃると聞いています。

大日孁貴神　うん。

綾織　その神様というのは、普段《ふだん》、あなた様がお感じになられて、どういう位置づけなのでしょうか。日本神道の一つの秘密として、教えていただける部分があれば、お願いいたします。

大日孁貴神　うーん……。

地球的には日本文明っていうのは、地球の辺境《へんきょう》の地の、小さな小さな長細《ながぼそ》い島で起きている、米作《べいさく》中心の文明にしかすぎないと思われているだろうけれども、今、あなたがたの教えのなかで、宇宙との関係において、新たな位置づけが出されようとしているんでしょう？

だから、人類のルーツに迫《せま》る秘密を握《にぎ》っているということですよね。

つまり、そのへんに、日本神道のなかで、（名に）「天《あめ》」という字がつく者は、もちろん、「天上界《てんじょうかい》」（と関係があること）も意味しているけれども、天上界を超《こ》えて、「宇宙霊界《れいかい》」まで広がっているものがあるということですね。

「天御祖神」について、多くを語ることはできません。「その名を呼んではならない存在」として、どこもいろいろな文明で言われていた存在であるので、その名を軽々《かるがる》しく呼ぶわけにはまいりませんけれども、「さまざまな文明の奥《おく》にあるものだ」

と考えてよいでしょう。

綾織　あなた様は、これからの新しい文明と、その神様との関係というのを、どのようにご覧になっているのでしょうか。

大日孁貴神　私どもには、全部は分からないところもあります。

私が直接管轄《かんかつ》しているのは、日本、および、日本の影響下《えいきょうか》にある環《かん》太平洋地域で、それらは直接的な影響下にありますけれども、今、イスラム教やキリスト教、その他、中国文明等とも境界を接してぶつかっておりますので、このあたりと、霊的なパワーで力比べをしているのが、私のところの仕事です。

「紛争《ふんそう》が続くなら、沖縄《おきなわ》は九州と地続きにする」

酒井　先ほど、沖縄《おきなわ》の話も出たのですが、沖縄に関しては、どのようにお考えでしょうか。

大日孁貴神　あまり紛争《ふんそう》が続くようでしたら、九州まで〝地続き〟にします。

酒井　そうですか。

大日孁貴神　うん。つなげます。あんまり紛争が大きいようだったら、つなげます。

酒井　確かに、西之島《にしのしま》も本当に大きな島になってきましたので、やろうと思えば、すぐできるということでしょうか。

大日孁貴神　だから、中国には不遜《ふそん》なるところがあるので、今、これを教える必要があるし。

北朝鮮《きたちょうせん》に関しては、幸福の科学でも、だいぶ前から……、二十年も前から警告を出しているにもかかわらず、日本政府としては、何ら有効な手が打てていないですね。これについては、われわれもそろそろ考えを固めなきゃいけないときが来ています。

安倍《あべ》政権と「戦後七十年談話」について

酒井　最後に、お伺《うかが》いします。おそらく、「戦後七十年談話」というものが、そろそろ出来上がってくるころだとは思うのですが、その内容によっては、どのようにしようとお考えでしょうか。

大日孁貴神　あんまり期待していないので。そう大きな影響はないと思います。

酒井　ないですか。

大日孁貴神　（安倍首相は）しょせん、「この世の中を、どう生き渡《わた》っていくか」ということしか考えていない。

酒井　なるほど。

大日孁貴神　彼は、神々に直通するような者ではないと思う。

酒井　安倍政権には、もう期待できないということですね。

大日孁貴神　それはもう、小さなものでしょう。〝さざ波〟程度です。そんな者のことは、いちいち、細《こま》かく相手にしていないので。

酒井　そうですか。

大日孁貴神　われらは、今、神々が指導をしたるものが地上できちんと根を下ろせるかどうかを見ているわけですが、そろそろ、我慢《がまん》の限界が来ているということですね。

酒井　はい。

「あなたがたは、マスコミに勝て」

斎藤　本日のタイトルは、「大震災《だいしんさい》予兆リーディング」と銘打《めいう》たれております。

大日孁貴神　はい。

斎藤　お話をお伺《うかが》いし、今、直面している危機について本当によく分かりました。天変地異等を構想しているあなた様の御心《おこころ》のなかには、「こう来たら、こうなる」というシナリオがいろいろあるかと思いますが、未来には、まだ、そうした天変地異や災害等に伴《ともな》う「目覚めの部分」というものが予定されているのですか。

あるいは、われわれの努力や精進《しょうじん》、心の変化によって、そうしたものを改善、または、変更《へんこう》させていくことはありえるのでしょうか。

大日孁貴神　だから、あなたがたは、マスコミに勝たなくては駄目《だめ》なんですよ。

斎藤　「マスコミに勝つ」ということですか。

大日孁貴神　勝たなければいけません。

斎藤　マスコミに勝つ……。

大日孁貴神　勝ちなさい！

斎藤　分かりました。

大日孁貴神　新聞各社、テレビ局各社、それから、出版社各社。たくさんあります。

斎藤　はい。

大日孁貴神　数から言えば、途方《とほう》もない数でしょう。しかし、勝たなければなりません。

斎藤　「マスコミに勝つ」というヒントを、また一つ賜《たまわ》りました。

大日孁貴神　国民を教育しなければならないので、それが重要ですね。
・・・・・・マスコミに勝てば、政治は動きます。

酒井　はい。

斎藤　ありがとうございます。
「日本を洗濯《せんたく》したい」という心が働いている

酒井　日本全体の運命は、信者一同に懸《か》かっているということを心に……。

大日孁貴神　はっきり言って、今のレベルでは、この国は救いがたいね。救えないね。

酒井　はい……。

大日孁貴神　あなたがたは、一つの会社をつくって、そこで職場を得て、人生を全《まっと》うできればいいというような考え方に、ほとんど染まってきたね。使命を忘れている。

酒井　「不惜身命《ふしゃくしんみょう》の心を、もう一度、取り戻《もど》せ」ということですね。

大日孁貴神　ああ、このままでは、もう駄目だね。

酒井　はい。

大日孁貴神　（幸福の科学に）出てきた神々の数を見なさいよ。これで済むと思っているかどうかを……。

酒井　はい。

大日孁貴神　そういうことはしたくはないんだけども、洗い替《が》えしたくなるときは来るわね。

酒井　はい。

大日孁貴神　坂本龍馬《さかもとりょうま》をして、「この国を、もう一度洗濯《せんたく》いたしたく候《そうろう》」と言わせた心と同じ心が働いているということです。

酒井　はい。

本日は、まことにありがとうございました。

斎藤　ありがとうございました。

5 「神々の警告」をどう受け止めるか

大日孁貴神《おおひるめのむちのかみ》の予言は一年以内に実現する可能性が高い

大川隆法　（手を二回叩《たた》く）ということで、日本の神々が関係しているということでした。不愉快《ふゆかい》、不快感を表すために、地震《じしん》や噴火《ふんか》、その他がいろいろと起きているということです。

言質《げんち》は取れませんが、感じとして、これは、「条件付き予言」でしょう。要するに、「これだけ言って分からないのならば、文明の洗い替《が》えをするぞ」と言っているように聞こえました。

（大日孁貴神《おおひるめのむちのかみ》には人間が）地表に棲《す》んでいる〝カビ〟のように見えていると感じます（苦笑）。

（質問者に）「出版がいかにも小さい」ということでしたが。

酒井　はい。

大川隆法　それは、「伝道の力が小さい」ということでもあろうし、「政党（幸福実現党）の力が小さい」ということでもあるし、全部にかかっているということでしょう。

酒井　はい。

大川隆法　だから、「野党を利するために天変地異が起きるわけではないし、与党《よとう》を肯定《こうてい》するために、その被害《ひがい》を抑《おさ》え続けるつもりもない」ということですね。

今回の地震についてはよく分かりませんが、東日本大震災から四年がたったので、そろそろ、次の「射程距離《きょり》」に入っているという感じではあります。次の気づきを与《あた》える〝あれ〟に入ってきているという感じです。

また、「マスコミに勝て」ということでした。ご神示《しんじ》としては、そういうことです。

酒井　はい。

綾織　分かりました。

大川隆法　言論・出版の自由だけだと、邪悪《じゃあく》なるものがはびこって、そちらの数が多くなるから、国民への洗脳も強くなるでしょう。その場合は、お洗濯《せんたく》しなければいけなくなりますね。「どういうかたちで洗濯するか」という、ただそれだけのことです。

要するに、「警告が起きているのだから、これに気づけ。少し位置をずらしたら、どうなるか分かっているのか。鹿児島《かごしま》の小さな島の噴火ではなく、富士山《ふじさん》だったらどうなるか、あるいは、小笠原《おがさわら》諸島沖《おき》の、深い深い、六百数十キロの地下ではなく、東京の地下十キロだったらどうなるかを考えてみよ。われわれには自由自在なのだ」と言っています。

神霊《しんれい》は、「大日孁貴《おおひるめのむち》」と名乗りました。彼女は、天照大神《あまてらすおおみかみ》系統の魂《たましい》と推定されますが、この系統が言ってきた場合は、一年以内に起きることが多いことは多いので、要警戒《けいかい》レベルであり、〝警戒レベル5〟に入っているということです。

来年の参院選あたりがデッドラインかもしれませんね。

酒井・斎藤　はい。分かりました。

大川隆法　感じとしては、そういうところではないでしょうか。

酒井　はい。

最短デッドラインまでに「信仰《しんこう》の優位」を確立せよ

大川隆法　もう少し影響力《えいきょうりょく》を増すように努力しましょう。

酒井　はい。

大川隆法　なかなか厳しいです。(『広島大水害と御嶽山《おんたけさん》噴火に天意はあるか』〔前《ぜん》掲《けい》〕を手にとって)また、こういうことが続くのでしょうか。大変ですね。

確かに、見せてはいます。

酒井　そうですね。はい。

大川隆法　九千メートルまで、バーンッと煙《けむり》を上げたり、日本を揺《ゆ》らして、みんなを驚《おどろ》かせたり、六本木《ろっぽんぎ》ヒルズのエレベーターを動かなくさせたり……。「どうにでもなるんだよ」ということを見せているのですね。

ただ、自分たちが育ててきたものを滅《ほろ》ぼしたくなるときというのは、よほど腹に据《す》えかねることがある場合でしょう。

酒井　そうですね。よほどお怒《いか》りなのだと思います。

大川隆法　ええ。信教の自由もあるけれども、「何でもかんでもありというレベルで、いつまでも我慢《がまん》はできないよ」ということを言っているわけです。

酒井　はい。

大川隆法　そろそろ、その正邪《せいじゃ》を見分けて、大事なものは何かが分からないようでは駄目《だめ》だということでしょう。

「ただ単に、バラバラにいろいろなものがはびこっていればよい」というレベルの民主主義や言論・出版の自由、自由主義で止《と》まるのならば、この国の未来は保証できないという通告が与えられているわけです。

酒井　はい。

大川隆法　やはり、「信仰《しんこう》の優位が必要だ」ということを言われているということです。

確かに、今は、宗教学的に見ても、地獄霊《じごくれい》が指導しているものも、天上界《てんじょうかい》が指導しているものも、同じ扱《あつか》いで、善悪が分からないという状況《じょうきょう》なので、「それを放置するわけにはいかん」ということですね。

酒井　そうですね。

大川隆法　「何でもできる」ということのようでした。

酒井　はい。心して、伝道を頑張《がんば》らないといけないと……。

大川隆法　最短デッドラインは一年です。

酒井　一年……。

大川隆法　つまり、来年度の参院選までになります。短ければね。

酒井　はい。

大川隆法　長ければ、うーん、二〇二〇年でしょうね。

酒井　二〇二〇年……。

斎藤　「信仰の優位」を取り戻《もど》すべく、努力して自己変革をしてまいります。

大川隆法　まあ、努力しましょう（手を二回叩く）。

酒井　ありがとうございました。

あとがき

今をさかのぼること五年。二〇一〇年六月二十二日に、『最大幸福社会の実現——天照大神《あまてらすおおみかみ》の緊急神示《しんじ》——』と題して、神示を受け、本を出版した。天照大神は時の政権と国民に対して激しい怒りをお示しになった。翌年の二〇一一年三月十一日、マグニチュード「9・0」の大地震と津波が東日本を直撃した。

今回の神示もその延長上にある。私たちは、この四月に、ネパールで過去の文明が崩壊《ほうかい》するところを映像として見たばかりである。

現代の日本文明は滅びるのか。神示によれば、大震災の予兆は野党を応援しているわけではない。一方、時の政権にも暗黒部分があることを指摘している。マスコミの中にも邪悪なるものを感じるという。清らかな心と澄《す》みきった眼《め》で、もう一度、真実とは何かを見つめ直し、「なにをなすべきか」を考えようではないか。

二〇一五年　六月三日

幸福《こうふく》の科学《かがく》グループ創始者兼総裁《そうししゃけんそうさい》　大川隆法《おおかわりゅうほう》

『大震災予兆リーディング』大川隆法著作関連書籍

『太陽の法』（幸福の科学出版刊）
『真の平和に向けて』（同右）
『広島大水害と御嶽山噴火に天意はあるか』（同右）
『阿蘇山噴火リーディング』（同右）
『フィリピン巨大台風の霊的真相を探る』（同右）
『マッカーサー 戦後65年目の証言
　――マッカーサー・吉田茂・山本五十六・鳩山一郎の霊言――』（同右）
『硫黄島 栗林忠道中将の霊言　日本人への伝言』（同右）

大震災《だいしんさい》予兆《よちょう》リーディング

――天変地異に隠された神々の真意と日本の未来――

2015年6月4日　初版第1刷

著　者　大《おお》川《かわ》隆《りゅう》法《ほう》

発行所　幸福の科学出版株式会社

〒107-0052 東京都港区赤坂2丁目10番14号
TEL(03)5573-7700
http://www.irhpress.co.jp/

印刷・製本　株式会社 東京研文社

落丁・乱丁本はおとりかえいたします

ISBN978-4-86395-684-1 C0014

写真：アフロ／時事／毎日新聞社／時事通信フォト／共同通信社／masa/PIXTA

大川隆法霊言シリーズ・天照大神の神示

天照大神《あまてらすおおみかみ》の未来記

この国と世界をどうされたいのか

日本よ、このまま滅びの未来を選ぶことなかれ。信仰心なき現代日本に、この国の主宰神・天照大神から厳しいメッセージが発せられた!

1,300円

天照大神の御教《みおし》えを伝える

全世界激震の予言

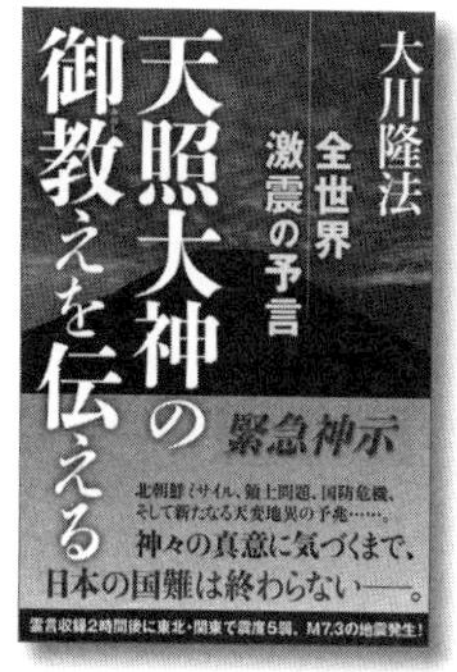

信仰を失い、国家を見失った現代人に、日本の主宰神・天照大神が下された三度目の警告。神々の真意に気づくまで、日本の国難は終わらない。

1,400円

天照大神のお怒りについて

緊急神示 信仰なき日本人への警告

無神論で日本を汚すことは許さない! 日本の主宰神・天照大神が緊急降臨し、国民に厳しい警告を発せられた。

1,300円

大川隆法 霊言シリーズ・戦後体制の是非を問う

マッカーサー 戦後65年目の証言

マッカーサー・吉田茂・山本五十六・鳩山一郎の霊言

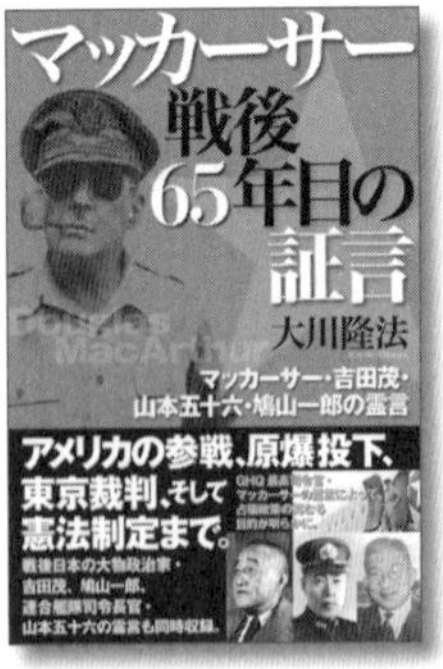

GHQ最高司令官・マッカーサーの霊によって、占領政策の真なる目的が明かされる。日本の大物政治家、連合艦隊司令長官の霊言も収録。

1,200円

日米安保クライシス

丸山眞男 vs. 岸信介

「60年安保」を闘った、左翼系政治学者・丸山眞男と元首相・岸信介による霊言対決。二人の死後の行方に審判がくだる。

1,200円

憲法改正への異次元発想

憲法学者NOW・芦部信喜 元東大教授の霊言

憲法九条改正、天皇制、政教分離、そして靖国問題……。参院選最大の争点「憲法改正」について、憲法学の権威が、天上界から現在の見解を語る。

【幸福実現党刊】

1,400円

※表示価格は本体価格(税別)です。

大川隆法 霊言シリーズ・沖縄・台湾・中国の未来

沖縄の論理は正しいのか？
── 翁長《おなが》知事への
スピリチュアル・インタビュー ──

基地移設問題の渦中にある、翁長知事の本心が明らかに。その驚愕の「沖縄観」とは!?「地方自治」を問い直し、日本の未来を指し示す一書。

1,400円

台湾と沖縄に未来はあるか?
守護霊インタヴュー
馬英九台湾総統 vs. 仲井眞弘多沖縄県知事

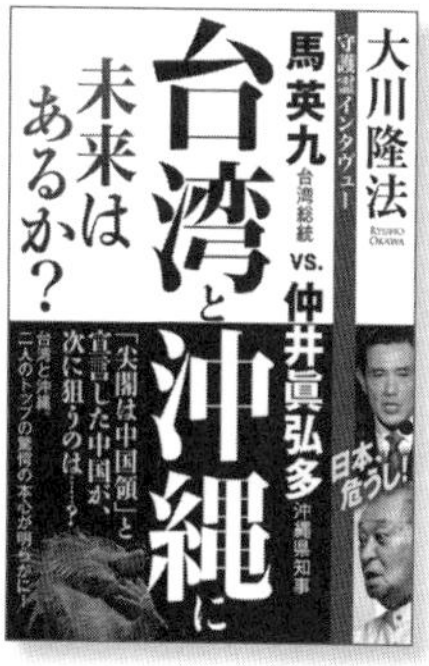

経済から中国に侵食される「台湾」。歴史から中国に洗脳される「沖縄」。トップの本音から見えてきた、予断を許さぬアジア危機の実態とは!?
【幸福実現党刊】

1,400円

中国と習近平に
未来はあるか
反日デモの謎を解く

「反日デモ」も、「反原発・沖縄基地問題」も中国が仕組んだ日本占領への布石だった。緊迫する日中関係の未来を習近平氏守護霊に問う。
【幸福実現党刊】

1,400円

幸福の科学出版

大川隆法霊言シリーズ・先の大戦の意義を明かす

硫黄島
栗林忠道中将の霊言
日本人への伝言

アメリカが最も怖れ、最も尊敬した日本陸軍の名将が、先の大戦の意義と教訓、そして現代の国防戦略を語る。日本の戦後にケジメをつける一冊。

1,400円

沖縄戦の司令官・
牛島満中将の霊言
戦後七十年 壮絶なる戦いの真実

沖縄は決して見捨てられたのではない。沖縄防衛に命を捧げた牛島中将の「無念」と「信念」のメッセージ。沖縄戦の意義が明かされた歴史的一書。

1,400円

パラオ諸島ペリリュー島守備隊長
中川州《くに》男《お》大佐の霊言
隠された〝日米最強決戦〟の真実

アメリカは、なぜ「本土決戦」を思い留まったのか。戦後70年の今、祖国とアジアの防衛に命をかけた誇り高き日本軍の実像が明かされる。

1,400円

幸福の科学出版

※表示価格は本体価格(税別)です。

この地球《ほし》は、
宇宙に必要か？
大川隆法 製作総指揮
長編アニメーション映画
UFO学園の秘密
The Laws of The Universe Part 0
製作総指揮・原案／大川隆法
監督／今掛勇 脚本／「UFO 学園の秘密」
シナリオプロジェクト 音楽／水澤有一
総合プロデューサー／本地川瑞祥 松本弘司
美術監督／渋谷幸弘
VFX クリエイティブディレクター／栗屋友美子
キャスト／逢坂良太 瀬戸麻沙美 柿原徹也
金元寿子 羽多野渉 浪川大輔
アニメーション制作／ HS PICTURES STUDIO
幸福の科学出版作品 配給／日活
©2015 IRH Press
UFO学園 検索！
©2015 IRH Press 配給/日活 配給協力/東京テアトル NIKKATSU
10月10日、全国一斉ロードショー！

幸福の科学グループのご案内

宗教、教育、政治、出版などの活動を通じて、地球的ユートピアの実現を目指しています。

宗教法人　幸福の科学

一九八六年に立宗。一九九一年に宗教法人格を取得。信仰の対象は、地球系霊団の最高大霊、主エル・カンターレ。世界百カ国以上の国々に信者を持ち、全人類救済という尊い使命のもと、信者は、「愛」と「悟り」と「ユートピア建設」の教えの実践、伝道に励んでいます。

（二〇一五年六月現在）

愛

幸福の科学の「愛」とは、与える愛です。これは、仏教の慈悲《じひ》や布施《ふせ》の精神と同じことです。信者は、仏法真理をお伝えすることを通して、多くの方に幸福な人生を送っていただくための活動に励んでいます。

悟り

「悟り」とは、自らが仏の子であることを知るということです。教学《きょうがく》や精神統一によって心を磨き、智慧《ちえ》を得て悩みを解決すると共に、天使・菩薩《ぼさつ》の境地を目指し、より多くの人を救える力を身につけていきます。

ユートピア建設

私たち人間は、地上に理想世界を建設するという尊い使命を持って生まれてきています。社会の悪を押しとどめ、善を推し進めるために、信者はさまざまな活動に積極的に参加しています。

国内外の世界で貧困や災害、心の病で苦しんでいる人々に対しては、現地メンバーや支援団体と連携して、物心両面にわたり、あらゆる手段で手を差し伸べています。

年間約３万人の自殺者を減らすため、全国各地で街頭キャンペーンを展開しています。

公式サイト **www.withyou-hs.net**

ヘレン・ケラーを理想として活動する、ハンディキャップを持つ方とボランティアの会です。視聴覚障害者、肢体不自由な方々に仏法真理を学んでいただくための、さまざまなサポートをしています。

公式サイト **www.helen-hs.net**

学部のご案内

人間幸福学部

人間学を学び、新時代を切り拓くリーダーとなる

人間の本質と真実の幸福について深く探究し、
高い語学力や国際教養を身につけ、人類の幸福に貢献する
新時代のリーダーを目指します。

経営成功学部

企業や国家の繁栄を実現し、未来を創造する人材となる

企業と社会を繁栄に導くビジネスリーダー・真理経営者や、
国家と世界の発展に貢献し
未来を創造する人材を輩出します。

未来産業学部

新文明の源流を創造するチャレンジャーとなる

未来産業の基礎となる理系科目を幅広く修得し、
新たな産業を起こす創造力と企業家精神を磨き、
未来文明の源流を開拓します。

校舎棟の正面

学生寮

体育館

住所 〒299-4325 千葉県長生郡長生村一松丙 4427-1
TEL.0475-32-7770

教育

学校法人 幸福の科学学園

学校法人 幸福の科学学園は、幸福の科学の教育理念のもとにつくられた教育機関です。人間にとって最も大切な宗教教育の導入を通じて精神性を高めながら、ユートピア建設に貢献する人材輩出を目指しています。

幸福の科学学園

中学校・高等学校（那須本校）
2010年4月開校・栃木県那須郡（男女共学・全寮制）
TEL 0287-75-7777
公式サイト happy-science.ac.jp

関西中学校・高等学校（関西校）
2013年4月開校・滋賀県大津市（男女共学・寮及び通学）
TEL 077-573-7774
公式サイト kansai.happy-science.ac.jp

ハッピー・サイエンス・ユニバーシティ（HSU）
TEL 0475-32-7770

仏法真理塾「サクセスNo.1」 TEL 03-5750-0747（東京本校）
小・中・高校生が、信仰教育を基礎にしながら、「勉強も『心の修行』」と考えて学んでいます。

不登校児支援スクール「ネバー・マインド」 TEL 03-5750-1741
心の面からのアプローチを重視して、不登校の子供たちを支援しています。
また、障害児支援の「**ユー・アー・エンゼル!」運動**も行っています。

エンゼルプランV TEL 03-5750-0757
幼少時からの心の教育を大切にして、信仰をベースにした幼児教育を行っています。

シニア・プラン21 TEL 03-6384-0778
希望に満ちた生涯現役人生のために、年齢を問わず、多くの方が学んでいます。

NPO 活動支援

学校からのいじめ追放を目指し、さまざまな社会提言をしています。また、各地でのシンポジウムや学校への啓発ポスター掲示等に取り組む一般財団法人「いじめから子供を守ろうネットワーク」を支援しています。

公式サイト mamoro.org
相談窓口 TEL.03-5719-2170
ブログ blog.mamoro.org

政治

幸福実現党

内《ない》憂《ゆう》外《がい》患《かん》の国難に立ち向かうべく、二〇〇九年五月に幸福実現党を立党しました。創立者である大川隆法党総裁の精神的指導のもと、宗教だけでは解決できない問題に取り組み、幸福を具体化するための力になっています。

党員の機関紙
「幸福実現NEWS」

TEL 03-6441-0754
公式サイト hr-party.jp

出版メディア事業

幸福の科学出版

大川隆法総裁の仏法真理の書を中心に、ビジネス、自己啓発、小説など、さまざまなジャンルの書籍・雑誌を出版しています。他にも、映画事業、文学・学術発展のための振興事業、テレビ・ラジオ番組の提供など、幸福の科学文化を広げる事業を行っています。

アー・ユー・ハッピー？
are-you-happy.com

ザ・リバティ
the-liberty.com

幸福の科学出版
TEL 03-5573-7700
公式サイト irhpress.co.jp

THE FACT
ザ・ファクト
マスコミが報道しない
「事実」を世界に伝える
ネット・オピニオン番組

Youtubeにて
随時好評配信中！

ザ・ファクト 検索